KB159571

박근혜대통령
탄핵과 재판
공정했는가

박근혜대통령
탄핵과 재판
공정했는가

한석훈

목차

머리말

지나간 박근혜 대통령 탄핵에 대해 일부 정치인들은 "탄핵의 강을 건너자", "탄핵은 묻어야 한다"고 말한다. 그러나 탄핵은 이미 역사가 되었고 역사는 필요에 따라 건널 수 있거나 묻을 수 있는 것이 아니다. 그 내용이 거짓된 것이었든 진실된 것이었든, 진실이 무엇인지, 역사의 교훈은 무엇인지 끊임없이 시민들에게 회자(膾炙)되고 전문가의 분석과 비판을 받게 될 것이다. 이처럼 역사는 어느 개인의 것이 아니므로 역사적 사건에 가까이 있는 인물들은 긴 안목과 겸허함이 필요하다.

"님만 님이 아니라 기룬 것은 다 님이다.
중생이 석가의 님이라면 철학은 칸트의 님이다.
장미화의 님이 봄비라면 마시니의 님은 이태리다.

* * *

나는 해 저문 벌판에서 돌아가는 길을 잃고
헤매는 어린 양이 기루어서 이 시를 쓴다."

학창시절 가슴을 울렸던 만해 한용운 시인의 시집 「님의 침묵」 군말(서문)이다. 시인은 현실에 타협하지 않고 무너진 과거의 폐허 위에 진실을 불러오고 역사를 밝혀나간 명석한 관찰자였다. 흔히 역사는 승자의 기록이라고 하지만, 진실의 기록만이 살아남는다. 박 대통령 탄핵과 재판도 이미 묻혀 진 과거이지만 가려진 진실이 있다면 지금이라도 그 억울함을 밝혀내어 역사의 교훈으로 남기는 것이 인권을 지키고 이 나라 법치주의를 바로 세우는 길이 될 것이다.

필자는 30여 년간 변호사, 검사, 법학교수 등 다양한 법조 직역에 있었고, 현재도 로스쿨 강단에서 상법과 비즈니스범죄를 강의하고 있다. 처음에 박 대통령 탄핵사건에 관심을 갖게 된 것은 탄핵과 이어진 재판과정에서 피고인의 방어권을 보장하기 어려운 무리한 재판진행과 불필요한 구속이 남발되는 등 절차가 공정하지 않았고, 엄격한 증거판단이 필요한 형사재판에서 언론이 앞장서서 여론재판을 이끌어갔기 때문이다. 절차가 공정하지 못한데 판결내용은 과연 공정했을까? 이런 강한 의문이 제기되었다. 또한 이 사건은 국내 굴지의 대기업 대부분이 관여된 대표적 비즈니스범죄 분야에 속하므로 확정된 판결을 객관적으로 분석하여 사건의 진실을 정리하고 평가하며 이를 역사의 기록으로 남기는 일은 비즈니스범죄를 전공하는 법조인의 사명이라고 생각했다.

이 사건은 판결문이 워낙 방대하여 판결문만 분석하는 데에도 상당한 시일이 소요되었다. 또한 방대하고 복잡한 사안을 일목요연하게 정리하는 일이 쉽지는 않았다. 시민들은 그 동안 언론 등을 통해 이 사건의 일부만을 간간이 접할 수 있었을 뿐이지만, 이 책에서는 이 사건 판결의 전모를 정확하고도 간략히 개관할 수 있을 것이다. 이 사건의 법리에 관한 분석과 비판은 전문학술지 「법조」(법조협회 발행) 금년 6월호에 "공무상비밀누설, 직권남용 및 '부정한 청탁'의 개념 - 대법원 2019. 8. 29. 선고 2018도13792 판결 등 -"이란 논문으로 게재하였다. 그러나 이 사건은 법리 문제보다는 사실인정 문제가 주요 쟁점이므로 이 책에서는 전문학술지에 담을 수 없었던 사실인정 문제를 중심으로 사건의 전모를 정리하였다. 또한 이해의 편의를 위해 위 학술지에 발표한 법리 내용도 함께 수록하였으나, 번잡을 피하기 위해 일일이 위 학술지를 인용하는 것은 생략하기로 한다.

이 책은 비즈니스범죄 중 최근 논란이 많은 직권남용죄 및 공무상비밀누설죄나 뇌물죄에 관한 대표적 케이스 북(Case Book)이지만, 법조인이나 법학도뿐만 아니라 이 역사적 사건의 전말(顚末)에 관심을 가진 일반 시민들도 읽어볼 만하다.

이 사건에 관한 국민들의 관심이 미미해진 금년 3월경 필자가 「월간조선」의 인터뷰에 응하여 「월간조선」 4월호에 박 대통령 탄핵 관련 인터뷰기사가 게재되면서 탄핵의 적법 여부가 새롭게 이슈(issue)화 되었다. 이어서 '펜앤드마이크'를 비롯한 몇몇 유튜브 TV의 이 사건에 관한 인터뷰에 응했고, 지난 5월 21일에는 젊은 법조인들이 프레스센터에서 개최한 「제1회 박근혜 대통령 불법탄핵에 관한 법조세미나」에 참여하여 발표했는데, 이러한 인터뷰나 발표의 영상은 많은 유튜브 TV에 지금까지 방영되고 있어 도합 수십만 회의 조회수를 기록하고 있다. 위 법조세미나는 그 후에도 계속 이어져 현재까지 세 차례의 세미나에서 법학자, 정치학자, 언론인 및 젊은 변호사들의 다양한 발표가 있었는데, 역사적 사건의 객관적 분석에 젊은 법조인들이 큰 관심을 보이고 있음은 새롭고 산뜻한 일이다.

정치인은 다수의 여론에 귀를 기울이면서 미래를 제시하는 사람이지만, 법조인은 과거의 진실을 밝혀 현재의 정의를 세우는 사람이다. 그러므로 법조인은 군중 다수가 백(白)을 흑(黑)이라 하더라도 '백은 백'이라고 말할 수 있는 용기를 갖추어야 한다. 이 사건 탄핵의 소추나 재판은 엄격한 사법적 판단이 필요한 사건임에도 군중과 정치의 바람에 흔들렸고, 그 후 이어진 형사재판은 탄핵의 그늘에 가려 진실의 빛을 보지 못한 것은 아닌지 의심스럽다.

그동안 필자의 작은 법조인생에 큰 귀감이 되어주신 고상룡 명예교수님(학술원 회원), 현경대 고문변호사님, 해암 이범찬 명예교수님, 최준선 명예교수님, 그리고 이 책의 출간과 편집에 수고해 주신 기파랑의 안병훈 대표님을 비롯한 편집진 여러분께 감사드린다.

2021년 9월

한 석 훈

요약

박근혜 대통령에 대한 파면 탄핵결정의 탄핵사유 중 범죄혐의는 법원의 재판결과 상당 부분이 무죄로 선고되었거나, 유죄선고를 받은 공무상비밀누설죄, 직권남용죄 및 롯데그룹 관련 제3자뇌물수수죄도 유죄가 증명된 것으로 볼 수 없다.

그 중 공무상비밀누설죄는 해당 문건이 법령상 '비밀'로 분류된 문건도 아니지만, 대통령이 자신의 직무수행에 조언을 구하기 위해 신뢰할 수 있다고 여기는 조력자에게 문건을 보낸 것이므로 대통령의 직무수행이라는 국가기능에 지장을 줄 위험이 있는 '누설' 행위라거나 그 행위의 고의가 있다고 볼 수 없다. 직권남용죄는 대통령이 문화 융성, 스포츠 발전 또는 중소기업의 지원행위를 한 것이므로 그 행위가 최서원의 사익추구에 이용되는 사실을 알고 한 행위가 아니라면 '직권남용' 행위라 할 수 없는데, 대통령이 최서원의 사익추구를 알고 있었음을 인정할 만한 증거가 없다. 제3자뇌물수수죄는 대통령이 롯데그룹에 공익재단 케이스포츠의 사업 지원을 요청한 사안으로서 그 사업지원이 대통령 직무와 대가관계에 있음이 증명되지 않으면 묵시적 부정청탁도 인정되지 않아 범죄가 성립하지 않는다. 그런데 롯데그룹 회장이 대통령과 이 사건 단독면담을 할 당시에는 이미 정부방침이 정해져 있어 롯데그룹이 면세점 신규특허 취득에 관한 청탁을 할 필요가 없었다. 그러므로 그러한 필요가 있었음을 전제로 그에 관한 대통령 직무와 위 사업지원의 대가관계를 인정하고 묵시적 부정청탁이 있었다고 본 것은 잘못이다.

헌법재판소가 대통령을 파면하면서 탄핵사유로 내세운 핵심내용은 대통령이 최서원의 사익추구를 지원하기 위해 구속력 있는 행위로 기업체로 하여금 금품 출연, 계약 체결 또는 직원 채용을 하게 함으로써 기업의 재산권 및 경영의 자유를 침해하였다는 것이다. 그러나 위와 같이 그 후의 법원 재판결과, 정작 대통령이 당시 최서원의 사익추구를 알고 있었는지는 증명되지 않았고, 위 구속력 있는 행위란 것은 강요죄로 기소되었으나 협박으로 볼 만한 언동이 없었다는 이유로 모두 무죄선고를 받았다. 따라서 탄핵사건에서 대통령을 파면한 결정은 잘못된 사실인정을 전제로 한 오판으로 보인다.

위 탄핵사건은 위와 같이 사실인정을 위한 충분한 사실조사가 필요한 사건이었다. 그럼에도 불구하고 국회가 충분한 조사절차 없이 국회 본회의에서의 토론마저 생략한 채 성급하게 탄핵소추를 의결한 것은 부당하고 무책임한 처사였다. 또한 헌법재판소는 이처럼 사실관계 파악이 필요한 사안으로서 동일 사유에 관한 형사재판이 1심 법원에서 진행 중임에도, 탄핵심판절차를 정지하여 그 재판결과를 기다리거나 충분한 사실심리를 하지 않고 불과 3개월 만에 성급하게 탄핵결정을 함으로써 그 후 깊은 국론분열을 초래하였다.

'최서원 게이트'는 이처럼 대통령을 탄핵하여 파면에 이르게 하였고, 위 탄핵사유와 그 후 특검수사로 추가된 범죄사실에 관하여 근 4년 동안의 재판을 거치면서 '공모'나 '청탁' 유무 등의 사실인정 면에서는 물론, 법리해석 면에서도 직권남용죄의 '직권남용', 제3자뇌물죄의 '부정한 청탁', 뇌물수수죄의 공동정범 인정범위 등에 대한 치열한 논쟁을 벌였던 사건이다. 이 사건은 대부분 대통령의 대표적 정책공약인 '문화융성'과 '체육 10대 공약' 등의 국정수행 과정에서 발생한 일이고 대통령이 직접 사익을 취한 적이 없었음에도, 법원은 대통령을 최서원 사익추구의 공모공동정범으로 의율하였다. 그런데 대통령의 '공모' 가담이나 '직권남용'이 있었는지, 또는 '부정한 청탁'을 받았는지를 인정하기 위해서는 먼저 대통령이 당시 최서원의 사익추구를 알고 있었다는 사실이 증명되어야 하는데 그 사실을 증명할 만한 증거가 없다. 법원은 증거가 불충분하면 피고인의 이익으로 무죄판결을 해야 함에도 무리하게 유죄판결을 한 것은 헌법의 무죄추정원칙에도 위배된다. 법리 면에서도 법원은 종전 판례에 없는 포괄적 제3자뇌물죄를 새롭게 인정하고, 뇌물수수죄의 공동정범 성립 범위를 부당하게 확장하는 새로운 판례를 선보이는 무리수를 두었다.

요컨대 '최서원 게이트'는 최서원이 대통령과의 친분을 이용한 사익추구 사건일 수는 있어도, 대통령이 최서원과 결탁하여 최서원의 사익추구를 지원한 사건으로 보기는 어렵다.

1장 대통령 탄핵과 4년간 이어진 재판

대통령 탄핵과 4년간 이어진 재판

'최서원 게이트'란 2016년 7월경 언론보도를 통해, 청와대가 대기업들로부터 500억 원 이상을 모금하여 재단법인 미르와 재단법인 케이스포츠를 설립한 사실이 알려지고, 같은 해 10월경 청와대의 주요 문건이 박근혜 대통령의 지인 최순실(최서원의 개명 전 성명)에게 유출되고 최순실이 비밀리에 국정에 개입해 왔다는 언론보도가 이어지면서 국회의 국정조사와 검찰 및 특별검사의 수사로 이어진 사건이다. 흔히 국정농단 사건이나 '최순실 사건'으로 불리고 있지만, 선입견을 야기하는 이러한 표현보다는 다른 대형 사건의 경우처럼 최순실의 실제 성명에 기초하여 '최서원 게이트'로 지칭함이 공평하고 적합할 것이다. 이 사건은 2019년 10월 17일자 롯데그룹 신동빈 회장 등에 대한 상고심 판결, 2020년 6월 11일자 최서원 등에 대한 재상고심 판결, 2021년 1월 14일자 박근혜 전 대통령(이하 '대통령'이라 함)에 대한 재상고심 판결, 같은 달 18일자 삼성전자 이재용 부회장 등에 대한 파기환송심 서울고등법원 판결(상고 포기)을 끝으로 근 4년에 걸친 법원 재판이 마무리되었다. 이 사건으로 인하여 우리나라 헌정사상 처음으로 헌법재판소의 탄핵결정에 따라 대통령이 파면되어 구속·수감되었고, 이 재판에 연루되어 대표적 대기업의 총수가 구속되고 주요 대기업들 임원들이 기업활동과 관련하여 유죄판결을 받는 등 재계에도 막대한 영향을 끼친 미증유의 사건이다.

재판은 종결되었지만 대통령 등 당사자들은 사실관계 인정이나 법리판단 문제에 관해 헌법재판소의 탄핵결정이나 법원판결에 승복하지 않고 있고 국민 여론도 찬·반으로 나뉜 채 극단적으로 대립하고 있다. 그러나 정계에서는 대통령을 배출하였던 야당조차도 사법부의 판단에 대한 냉철한 분석과 평가를 거치지 않은 채 그저 형식적으로 사법부의 판단을 존중한다고 말하거나 사법부의 판단을 전제로 정치적 해법을 주문하고 있을 뿐이다. 그런데 법원의 판단은 하급심과 상급심의 판단이 다르고 같은 심급에서도 담당 사건의 재판부에 따라 결론이 상이하기도 하였으며, 대법원에서도 다수의견과 소수의견이 대립하였다. 그러므로 이제 사법부의 재판이 마무리된 만큼 그간의 언론보도로 인한 선입견이나 정치적 편견을 배제한 채 이 사건의 사실관계나 법리판단에 대한 법적 분석이 필요한 시기가 되었다고 본다. 이 사건은 사실인정 문제도 중요한 쟁점인데, 제3자 입장에서 재판기록을 일일이 확인할 수는 없고 각 하급심 판결문 자체가 300~600면에 이르는 등 비교적 상세히 기재되어 있으므로 판결문에 기재된 사실관계와 증거에 의존하여 사실관계를 파악하고 사실인정 및 법리판단의 당부를 검토하기로 한다. 특히 대통령은 법원의 이 사건 1심 재판 중인 2017년 10월경 재판부가 자신에 대한 구속기간 연장결정을 하자, 그 이후에는 '재판부에 대한 믿음이 더는 의미 없다'는 이유로 공판에 불참하고 변론을 포기했을 뿐만 아니라 일체의 항소나 상고를 하지 않았으므로 실제의 사실관계는 다를 수 있음을 지적해 둔다.

최서원 게이트는 1개의 탄핵사건과 4개의 형사재판으로 분류할 수 있다. 즉, 대통령에 대한 탄핵 사건[1](이하 '대통령 탄핵사건'이라 함) 및 뇌물수수·제3자뇌물수수·직권남용·강요·공무상비밀누설[2] 형사피고사건(이하 '대통령 피고사건'이라 함),[3] 최서원 및 안종범에 대한 뇌물수수·제3자뇌물수수·직권남용·강요 등 형사피고사건(이하 '최서원 피고사건'이라 함),[4] 이재용 등 삼성전자(주)나 삼성그룹 미래전략실 임원들에 대한 뇌물공여·제3자뇌물교부 등 형사피고사건(이하 '삼성그룹 피고사건'이라 함),[5] 신동빈 등 롯데그룹 임원에 대한 제3자뇌물교부 등 형사피고사건[6]을 말한다. 법원재판에서는 이들 4개의 형사재판이 분리되어 진행되었지만 대부분 동일 사실관계에 관한 것이므로 이 책에서는 이들 사건을 '최서원 게이트 형사재판'으로 통칭하여 함께 논의하며, 판결문 인용도 원문 인용이 필요한 경우 외에는 통합하여 요약내용을 기재하기로 한다. 그 밖에 김기춘 대통령비서실장 외 8인에 대한 이른바 '문화계 블랙리스트 사건'[7] 등은 최서원 게이트와는 구분되므로 최서원 게이트 형사재판 중 직권남용죄나 강요죄의 관련 사건으로 참고하기로 한다.

1) 헌법재판소 2017. 3. 10. 2016헌나1 결정.

2) 정확한 죄명 표시는 뇌물죄는 수뢰액 1억 원 이상이므로 '특정범죄가중처벌등에 관한법률위반(뇌물)', 직권남용죄는 '직권남용권리행사방해'로 표시해야 하지만, 이 책에서는 정확한 죄명표시가 필요한 경우가 아니라면 인식의 편의를 위하여 죄명은 형법의 죄명표시를 참고하여 간략히 표기하기로 한다.

3) 대법원 2019. 8. 29. 선고 2018도14303 전원합의체(상고심)[서울중앙지방법원 2018. 4. 6. 선고 2017고합364-1(1심); 서울고법 2018. 8. 24. 선고 2018노1087(항소심)]; 대법원 2021. 1. 14. 선고 2020도9836(재상고심)[서울고법 2020. 7. 10. 선고 2019노1962(파기환송심)]. 그 밖에 대통령에 대한 국가정보원(이하 '국정원'이라 함) 특별사업비 관련 뇌물수수 사건[대법원 2019. 11. 28. 선고 2019도11766(서울중앙지법 2018. 7. 20. 선고 2018고합20; 서울고법 2019. 7. 25. 선고 2018노2150)]은 별개의 사건으로 진행되다가 위 파기환송심(2019노1962) 재판부터 병합심리 되었지만, '최서원 게이트'에 해당하지 않으므로 이 책에서는 다루지 않는다(이후 이 책에서 판례를 거듭 인용하는 경우에는 사건번호만 표기함).

4) 대법원 2019. 8. 29. 선고 2018도13792 전원합의체(상고심)[서울중앙지법 2018. 2. 13. 선고 2016고합1202-1(분리), 1288-1(병합, 분리), 2017고합184(병합), 185(병합), 364(병합, 분리), 418-1(병합, 분리)(1심); 서울고법 2018. 8. 24. 선고 2018노723-1(항소심)]; 대법원 2020. 6. 11. 선고 2020도2883(재상고심)[서울고법 2020. 2. 14. 선고 2019노1938(파기환송심)]. 최서원 및 안종범의 범죄사실 중 대통령과 무관한 범죄사실도 있으나 이 책에서는 다루지 않는다.

5) 대법원 2019. 8. 29. 선고 2018도2738 전원합의체(상고심)[서울중앙지법 2017. 8. 25. 선고 2017고합194(1심); 서울고법 2018. 2. 5. 선고 2017노2556(항소심)]; 서울고법 2021. 1. 18. 선고 2019노1937(파기환송심).

6) 대법원 2019. 10. 17. 선고 2018도16652[서울중앙지법 2017. 12. 22. 선고 2016고합1055(1심); 서울고법 2018. 10. 5. 선고 2018노93, 2017노3788, 2018노723(항소심)].

7) 대법원 2020. 2. 13. 선고 2019도5186.

2장

3개월 만에 나온 탄핵결정

1. 탄핵경위

최서원 게이트가 언론에 보도되어 검찰이 2016년 11월경 그 진상을 수사하던 중, 국회에서는 같은 해 11월 17일 그 사건에 대한 국정조사를 승인하고 특별검사 임명에 관한 법률을 제정하였다. 같은 해 11월 20일 최서원과 안종범(당시 대통령비서실 정책조정수석비서관) 및 정호성(당시 대통령비서실 부속비서관)이 구속·기소된 후, 아직 검찰의 최종 수사결과가 발표되지 않았고 특별검사(이하 '특검'이라 함)의 수사는 개시되지 않은 상태임에도 같은 해 12월 9일 국회는 여야 합의 아래 대통령에 대한 탄핵소추를 의결하였다.[8] 당시 「박근혜 정부의 최순실 등 민간인에 의한 국정농단 의혹사건 진상규명을 위한 국정조사특별위원회」는 대통령에 대한 탄핵소추안에 관하여 2016년 11월 30일 문화체육관광부 등을 상대로 한 1차 기관보고를 받고, 같은 해 12월 6일 및 7일 1·2차 청문회를 가진 것 외에는 이렇다 할 조사가 없었다. 그 상태로 국회는 12월 9일 국회 본회의에서 재적의원 300명 중 찬성 234명, 반대 56명, 기권 2명, 무효 7명으로 대통령 탄핵소추를 가결하였다. 국회의 국정조사는 그 탄핵소추 후에도 같은 12월 14·15·22·26일 및 2017년 1월 9일 7차 청문회까지 개최한 다음 종료되었다. 그 후 2017년 3월 6일 특검의 수사결과 발표에 이어서 헌법재판소는 대통령에 대한 형사재판이 제대로 심리되기도 전인 같은 해 3월 10일 대통령을 파면하는 내용의 탄핵결정을 선고하였다.

2. 탄핵결정 이유

헌법재판소는 대통령에 대한 탄핵사유는 대통령의 파면을 정당화할 수 있을 정도로 중대한 헌법 또는 법률 위배가 있는 경우라야 한다고 전제하면서 그 탄핵사유로 다음 사항들을 들고 있다.

① **국정에 관한 문건 유출(공무상비밀누설)** : 대통령이 비서관 정호성으로 하여금 보고서류 중 인사자료, 각종 현안 및 정책 관련 보고서, 연설문 또는 각종 회의에서의 말씀자료, 대통령 공식일정 등을 최서원에게 전달하여 그 의견을 듣게 하였다.[9)]

② **최서원의 추천에 따른 공직자 인선** : 대통령은 최서원이 추천한 자를 문화체육관광부 장관(김종덕), 제2차관(김종), 문화융성위원회 위원(차은택), 대통령비서실 교육문화수석비서관(김상률)으로 임명·위촉하였는데, 그 중 일부 인사는

최서원의 사익추구에 협력하였다.[10)]

③ **현대자동차에 대한 케이디코퍼레이션의 납품 알선(직권남용권리행사방해 및 강요)** : 대통령은 최서원으로부터 현대자동차(주)(이하 '현대자동차'라 함)에 중소기업 ㈜케이디코퍼레이션(이하 '케이디코퍼레이션'이라 함)의 제품을 납품할 수 있도록 해 달라는 부탁을 받고, 안종범에게 이를 알아보라고 지시하여 그 납품을 하게 하였다.[11)]

④ **미르 및 케이스포츠 설립자금 출연 요청(직권남용권리행사방해, 강요)** : 대통령이 문화 관련 미르재단(이하 '미르'라 함)과 체육 관련 케이스포츠재단(이하 '케이스포츠'라 함)을 설립하면서 전경련을 통하여 주요 대기업들로 하여금 각 설립재원(미르 486억 원, 케이스포츠 288억 원)을 출연(出捐)하게 하고, 최서원이 추천한 자를 각 재단의 임원으로 선임하도록 하여 최서원이 재단운영에 관여하게 하였다.[12)]

⑤ **플레이그라운드를 통한 최서원의 사익추구 지원(직권남용권리행사방해, 강요)**:

— 최서원은 광고회사 ㈜플레이그라운드커뮤니케이션즈(이하 '플레이그라운드'라 함)를 차명주식을 보유하고 제3자를 대표이사로 내세워 실질적으로 설립·운영하면서,[13)] 자신이 대통령에게 추천하여 임명된 미르의 사무총장을 통하여 미르와 7건 합계 1억 3,860만 원의 연구용역계약을 체결하였다.[14)]

— 대통령이 ㈜케이티(이하 'KT'라 함)에 최서원이 추천한 홍보 전문가를 채용하여 광고 총괄 본부장으로 보임하도록 요구하고, 광고 업무 직원의 채용도 요구함으로써, 플레이그라운드는 그 임직원을 이용하여 KT로부터 광고 7건 합계 68억 1,767만 원 상당을 수주하였다.

— 대통령이 경제수석비서관 안종범에게 대기업에서 플레이그라운드를 도울 수 있도록 하라고 지시함으로써, 안종범이 현대자동차 회장 및 부회장에게 플레이그라운드를 소개하여 현대자동차와 기아자동차가 플레이그라운드에 광고제작 5건 합계 9억 1,807만 원 상당을 발주하였다.

⑥ **더블루케이를 통한 최서원의 사익추구 지원**(직권남용권리행사방해, 강요):

— 최서원은 ㈜더블루케이(이하 '더블루케이'라 함)를 주식포기각서를 작성한 제3자를 대표이사로 내세워 실질적으로 설립·운영하면서[15] 자신이 대통령에게 추천하여 케이스포츠에 채용시킨 직원들을 통해 케이스포츠와 업무협약을 체결함으로써 더블루케이로 하여금 케이스포츠가 수행하는 사업의 운영을 담당하게 하였다.[16]

— 대통령이 그랜드코리아레저(주)(이하 'GKL'이라 함)에 스포츠팀을 창단할 것을 요구하고 그 운영자문 등을 맡길 수 있는 더블루케이를 소개함으로써, GKL은 장애인펜싱팀을 창단하고 더

블루케이와 그 선수 관리 및 대리 계약을 체결하였다.

— 대통령이 포스코 그룹에 스포츠팀의 창단을 권유하고 위 안종범은 더블루케이를 소개함으로써 포스코 그룹은 그 계열회사로 하여금 창단비용 16억 원 상당의 펜싱팀을 창단하고 더블루케이에 그 운영을 맡기는 내용의 합의를 하게 하였다.

— 대통령은 문화체육관광부로 하여금 각 지역 스포츠클럽의 운영을 지원하는 컨트롤타워인 광역 거점 스포츠클럽을 설치하게 하고, 그 운영주체의 공모절차를 거쳐 케이스포츠가 지정되도록 하였다. 그 결과 케이스포츠의 경영자문을 맡게 될 더블루케이는 국가예산 집행과정에서 상당한 이득을 취할 수 있었을 것이다.[17]

— 대통령은 케이스포츠가 추진하는 전국 5대 거점 체육시설 건립사업 중 더블루케이와 협력하여 추진하는 하남시 체육시설 건립사업의 자금지원을 롯데그룹에 요청함으로써, 롯데그룹 6개 계열회사가 케이스포츠에 체육시설 건립자금 합계 70억 원을 송금하였다.[18]

헌법재판소의 대통령에 대한 파면 결정 이유는 위와 같은 탄핵사유가 인정됨을 전제로 대통령이 그 지위를 이용하여 구속력 있는 행위로[19] 기업에 공익재단 설립 등의 공익 명목 아래 거액의 출연이나 계약체결을 요구하고 최서원이 추천하는 사람의 채용을 요구하는 방법으로 최서원의 사익추구를 도와 기업의 **재산권**(헌법 제23조 제1항)과 **경영의 자유**(헌법 제15조)를 침해하였다는 것이다. 또한, 취임 후 3년 이상 지속적으로 최서원에게 국정에 관한 문건을 유출하여 최서원의 의견을 비밀리에 국정에 반영하고 결과적으로 최서원의 사익추구를 도움으로써 **공무원의 비밀엄수의무**(국가공무원법 제60조)를 위배하고, 이러한 비선(秘線)의 국정개입으로 **대의민주제** 원리와 **법치주의** 정신을 훼손하였으며 대통령의 **공익실현의무**(헌법 제7조 제1항 및 국가공무원법 제59조)를 중대하게 위배하였다는 것이다.[20]

8) 「국회보」, (국회홍보출판위원회, 2017. 1. 2.), 12~16면, http://review.assembly.go.kr/PDFViewNew.jsp?system=ASSEMZINE&file=201701.pdf&ab_page=12&news_no=27074(2021. 2. 13. 확인); "박근혜 정부의 최순실 등 민간인에 의한 국정농단 의혹 사건 진상규명을 위한 ", 나무위키(2021. 4. 28.), https://namu.wiki/w/(2021. 5. 4. 확인).

9) 헌법재판소는 그 사실인정의 근거로 검찰이 청와대 비서관 정호성에 대하여 2013. 1.경부터 2016. 4.경까지 공무상 비밀 내용을 담고 있는 문건 47건을 최서원에게 전달한 공소사실로 2016. 11. 20. 기소하여 공무상비밀누설죄로 형사재판 중임을 들고 있다. 이에 대하여, 대통령은 연설문이나 말씀자료 이외에 인사자료, 정책보고서 등 다른 문건은 최서원에게 전달하도록 지시한 적이 없다고 일부 사실을 부인하고 있다.

10) 이는 범죄사실이 아니므로 공소제기는 없었으며, 이들을 통한 최서원의 사익추구 사실을 박근혜 대통령이 알았는지 여부에 관하여는 탄핵결정문에 아무런 언급이 없다.

11) 국회의 탄핵소추 사유 중에는 케이디코퍼레이션의 경영주가 그 납품계약이 성사된 대가로 최서원에게 5,162만 원 상당의 금품을 준 점에 대하여 박근혜 전 대통령도 특정범죄가중처벌등에관한법률위반(뇌물)죄에 해당한다고 평가하였으나, 헌법재판소는 그 뇌물죄의 성립 여부는 판단하지 않았고, 그 후 대통령의 공모가담은 인정되지 않아 검찰이 이 점에 관해 대통령을 뇌물죄로 기소하지도 않았다.

12) 국회의 탄핵소추 사유 중에는 이러한 점이 직권남용죄 및 강요죄뿐만 아니라 특정범죄가중처벌등에관한법률위반(뇌물)죄에도 해당한다고 평가하였으나, 헌법재판소는 그 뇌물죄의 성립 여부는 판단하지 않았고, 검찰도 각 재단 설립자금 출연행위 중 삼성그룹의 출연 부분만 제3자뇌물수수로 보고 특정범죄가중처벌등에관한법률위반(뇌물)죄로 기소하였으나, 제1심 법원이 '부정한 청탁'을 인정할 수 없다는 이유로 무죄선고를 하였다[대통령 피고사건의 1심 판결(2017고합364-1)].

13) 최서원은 타인을 플레이그라운드의 대표이사로 내세우고 플레이그라운드 주식 70%를 차명주식으로 보유하고 있었지만[대통령 탄핵사건(2016헌나1), 23면; 대통령 피고사건의 1심 판결(2017고합364-1), 245면], 당시 최서원이 플레이그

라운드를 실질적으로 지배·운영하고 있는 사실을 박근혜 대통령이 알고 있었는지 여부에 관하여는 탄핵결정문에 아무런 언급이 없다.

14) 이는 범죄사실이 아니므로 공소제기는 없었다.

15) 최서원은 주식포기각서를 작성한 타인을 더블루케이의 대표이사로 내세우면서 실질적으로 운영에 관여하였지만[대통령 탄핵사건(2016헌나1), 24면], 그러한 사실을 박근혜 대통령이 알고 있었는지 여부에 관하여는 탄핵결정문에 아무런 언급이 없다.

16) 이는 범죄사실이 아니므로 이에 관한 공소제기는 없었다.

17) 이는 범죄사실이 아니므로 이에 관한 공소제기는 없었다.

18) 국회의 탄핵소추 사유 중에는 이러한 점이 직권남용죄 및 강요죄뿐만 아니라 특정범죄가중처벌 등에관한법률위반(뇌물)죄에도 해당한다고 평가하였으나, 헌법재판소는 그 뇌물죄의 성립 여부는 판단하지 않았다.

19) 헌법재판소는 이와 관련하여 "대통령의 요구를 받은 기업은 현실적으로 이에 따를 수밖에 없는 부담과 압박을 느꼈을 것으로 보이고, 사실상 대통령의 요구를 거부하기 어려웠을 것이다. …대통령의 이와 같은 일련의 행위들은 기업의 임의적 협력을 기대하는 단순한 의견제시나 권고가 아니라 구속적 성격을 지닌 것으로 평가된다."고 판시하고 있다[대통령 탄핵사건(2016헌나1), 29면].

20) 대통령 탄핵사건(2016헌나1), 34~35면.

3장 탄핵사유와 다른 법원 판결

소송경과

탄핵결정 당시에는 위 탄핵사유로 인하여, 대통령 비서관 정호성은 공무상비밀누설죄로 공소제기 되고, 최서원·안종범은 직권남용죄 및 강요죄로 공소제기 된 상태였다. 그 후 최서원 게이트에 대한 특검의 수사가 개시되고 그 결과에 따라 관련자들에 대한 추가기소나 파면된 대통령에 대한 공소제기가 이루어졌기 때문에 법원의 심리 대상은 위 탄핵사유 외에도 매우 광범위해졌다. 최서원 게이트 형사재판에서 다루어진 사실관계는 위 탄핵사유 사건뿐만 아니라, 삼성그룹의 승마 및 한국동계스포츠영재센터 지원 사건, 에스케이그룹(이하 'SK그룹'이라 함)의 가이드러너 지원 사건, 씨제이그룹(이하 'CJ그룹'이라 함)에 대한 강요미수 사건, 문화계 블랙리스트 사건 및 국정원 특별사업비 전용 사건이 추가되었다.

이 책에서는 최서원 게이트로 인한 대통령 탄핵사건과 법원 판결을 비교분석하려는 것이므로 문화계 블랙리스트 사건 중 최서원과 관련된 문화체육관광부 공무원 노태강에 대한 사직 요구 사건 외의 최서원과 무관한 사건, 탄핵 이후 최서원과 무관하게 문제가 되었던 국정원 특별사업비 전용 사건은 다루지 않기로 한다.

아래에서는 탄핵 대상 사건과 그 후 특검의 수사로 추가된 사건에 관하여 법원이 상고심 및 재상고심을 거쳐 종국적으로 인정한 사실관계와 판결요지를 요약한다.

〈대통령 탄핵 사유별 법원 재판 결과〉

혐 의	판 단
국정 문건 유출 47건 (연설문, 말씀자료 인사자료, 정책보고서 등)	14건 **공무상 비밀누설죄** 33건 **무죄**
최서원 추천에 따른 공직자 인선 (문체부 장·차관, 위원)	**불기소**(범죄 아님)
현대자동차그룹에 대한 케이디코퍼레이션의 납품 알선	**직권남용죄**(강요죄 무죄)
미르, 케이스포츠 재단 설립자금 출연 요청	**직권남용죄** (뇌물죄·강요죄 무죄)
플레이그라운드 통한 최서원의 사익추구 지원	
• 미르재단과 7건 총 1억 3,860만 원 연구용역계약	**불기소**(범죄 아님)
• KT와 7건 총 68억 1,767만 원 광고계약 (직권남용죄·강요죄)	**무죄**
• 현대차그룹과 5건 총 9억 1,807만 원 광고계약(직권남용죄·강요죄)	**무죄**
더블루케이 통한 최서원의 사익추구 지원	
• 케이스포츠와 업무협약 체결하여 사업운영 담당	**불기소**(범죄 아님)
• GKL에 장애인펜싱팀 창단케 하고 그 선수 에이전트 계약	**직권남용죄**(강요죄 무죄)
• 포스코그룹에 펜싱팀 창단케 하고 그 운영 맡기로 합의(직권남용죄·강요죄)	**무죄**
• 문체부 설치 광역 거점 스포츠클럽의 운영 주체인 케이스포츠의 경영자문	**불기소**(범죄 아님)
• 롯데그룹에 대한 하남 체육시설 건립자금 70억 원 지원 요구	**제3자뇌물수수죄·직권남용죄** (강요죄 무죄)

1. 탄핵 대상 사건

가. 국정에 관한 문건 유출

대통령은 2013년 1월경부터 2016년 4월경까지 대통령비서실 부속비서관 정호성에게 '최서원의 의견을 들어보라'는 포괄적 지시를 하여 '복합 생활체육시설 추가대상지(안) 검토' 문건을 비롯하여 체육 관련 정책방안, 대통령의 해외순방일정, 청와대 비서진 교체내용 등 공무상 비밀내용을 담고 있는 총 14개의 문건을 최서원에게 이메일 또는 인편으로 전달하게 함으로써 정호성과 공모하여 법령에 의한 직무상 비밀을 누설하였다. 14개 문건의 내용은 '중국 특사단 추천 의원', '제34회 국무회의 말씀자료(2013년 8월 5일자 청와대 비서진 교체내용)', '수도권 복합 생활체육시설 입지선정 후보지', '대통령의 서유럽 순방일정', '한반도 통일을 위한 구상(드레스덴 연설문)', '대통령의 중동국가 순방일정', '체육특기자 입시비리 근절방안', '대통령의 북미 순방일정', '대통령의 이탈리아 순방일정', '케이스포츠재단과 더블루케이의 스포츠클럽 지원사업 전면개편 방안', '대통령의 멕시코 순방 문화행사추진계획(안)', '대통령의 멕시코 순방 문화행사 일정', '대통령의 멕시코 순방 문화행사 상세일정', '로잔 국제스포츠 협력거점 구축 추진현황'이다.

법원은 공소제기된 47개 문건 중 위 14개 문건에 대해서만 **공무상비밀누설죄**를 **유죄**로 인정하고, **나머지 33개 문건**에 대해서는 증거부족[21]으로 **무죄**를 선고하였다.

나. 현대자동차그룹에 대한 케이디코퍼레이션의 납품 알선

케이디코퍼레이션은 최서원의 지인이 운영하는 원동기용 흡착제 제조 중소기업체이다. 대통령은 2014년 11월경 경제수석비서관 안종범에게 '케이디코퍼레이션은 흡착제 관련 기술을 갖고 있는 훌륭한 회사인데 외국기업으로부터 부당한 대우를 받고 있으니 현대자동차에서 그 기술을 채택할 수 있는지 알아보라'고 지시하였다. 이에 안종범도 현대자동차그룹 부회장에게 '케이디코퍼레이션은 효용성이 높고 비용도 낮출 수 있는 좋은 기술을 갖고 있다고 하니 현대자동차에서도 활용이 가능하다면 채택해 주었으면 한다'고 말하였다. 현대자동차그룹 부회장은 담당자들에게 케이디코퍼레이션과의 납품계약 체결을 지시함으로써 현대자동차와 기아자동차가 2015년 2월 3일 통상의 입찰절차를 거침이 없이 수의계약으로 그 원동기용 흡착제 10억 5,991만 원 상당을 케이디코퍼레이션으로부터 납품받았다.

공소사실은 대통령이 최서원, 안종범과 공모하여 대통령 및 경제수석비서관의 직권을 남용함과 동시에 이에 두려움을 느낀 현대자동차그룹 부회장으로 하여금 위 납품계약을 체결하도록 지시하게 함으로써 의무 없는 일을 하게 하였다는 것이다(직권남용죄 및 강요죄).

이에 대하여 법원은 **직권남용죄**만 **유죄**로 인정하였고, **강요죄**는 의사결정의 자유를 제한할 만한 묵시적 해악의 고지, 즉 협박이 있었다고 할 수 없다는 이유로 **무죄**를 선고하였다.[22] 대법원은 최서원 게이트 형사재판에서 직권남용죄와 함께 **강요죄**로 의율한 사건들은 모두 그 중 강요죄를 무죄로 선고했는데, 그 판결이유에 관하여 "이 사건에서 대통령의 요구는 대기업 회장 등을 만나 국가·정부 정책 등을 설명하고 협조를 구할 목적으로 마련된 단독면담 자리에서 이루어졌다. 원심판결 이유와 적법하게 채택된 증거에 비추어 살펴보더라도 이러한 요구 당시 상대방에게 그 요구에 따르지 않으면 해악에 이를 것이라는 인식을 갖게 하였다고 평가할 만한 언동의 내용과 경위, 요구 당시의 상황, 행위자와 상대방의 성행·경력·상호관계 등에 관한 사정이 나타나 있지 않다. 피고인 안종범(경제수석비서관)과 김종(문체부 제2차관)의 요구에 관하여도 마찬가지다. 전경련 또는 기업 관련자들이 대통령 또는 경제수석비서관, 문체부 제2차관의 요구를 받고도 그에 따르지 않으면 불이익을 받는다고 예상하는 것, 특히 원심이 들고 있는 인·허가 관련 어려움, 세무조사 등을 받게 될 수 있다고 예상하는 것이 합리적이라고 볼 만한 사정도 제시되지 않았다. 한편 (강요죄를 유죄로 인정한) 원심은 해악의 고지를 인정하는 근거로 요구를 받은 전경련 또는 기업 관련자들의 진술을 들고 있으나, 그 내용이 주관적이거나 대통령과 경제수석비서관, 문체부 제2차관의 지위에 관한 것으로서 기업 활동에 직무상 또는 사실상 영향을 줄 수 있다는 것에 불과하고 그 의미도 막연하다. 원심 또는 제1심이 들고 있는 사정들은 대통령과 경제수석비서관, 문체부 제2차관의 지위와 권세에 의한 압박 등에 해당하는지 여부는 별론으로 하더라도 해악의 고지가 있어야 하는 협박으로 인정하기에는 부족하다."고 판시하며 원심파기 이유를 설명하고 있다.[23)]

다. 미르 및 케이스포츠 설립자금 출연 요청

대통령은 한류 확산, 스포츠 인재양성 등 문화·스포츠 사업을 목적으로 하는 재단법인을 설립하기 위하여 주요 대기업 그룹 회장들과 단독면담 시 그 지원을 요청하고 경제수석비서관 안종범에게 그 재단설립 추진을 지시하였다. 이에 안종범은 전경련 상근부회장 등 임직원을 통하여, 16개 대기업의 대표 또는 담당 임원들로 하여금 합계 486억 원을 출연(出捐)하여 문화사업 재단 미르를 설립하게 하고, 다시 15개 대기업의 대표 또는 담당 임원들로 하여금 합계 288억 원을 출연하여 체육사업 재단 케이스포츠를 설립하게 하였다.

공소사실은 대통령이 최서원, 안종범과 공모하여 대통령의 직권을 남용함과 동시에 이에 두려움을 느낀 전경련 상근부회장 등 임직원과 16개 그룹 및 계열 기업체 대표 또는 담당 임원들로 하여금 미르를 설립하고 합계 486억 원을 모집·출연하도록 하였고, 같은 방법으로 15개 그룹 및 계열 기업체 대표 또는 담당 임원들로 하여금 케이스포츠를 설립하고 합계 288억 원을 모집·출연하도록 함으로써 각 의무 없는 일을 하게 하고(직권남용죄 및 강요죄), 그 중 삼성그룹에 관해서는 이재용 삼성전자(주)(이하 '삼성전자'라 함) 부회장의 그룹 '승계작업'을 위한 현안 해결에 도움을 달라는 취지의 부정한 청탁을 받아 제3자인 미르 또는 케이스포츠에 위 출연금을 뇌물로 공여하게 하였다는 것이다(제3자뇌물수수). 검찰 측이 주장하는 위 승계작업이란 이재용이 최소한의 개인 자금을 사용하여 삼성그룹 핵심 계열사들인 삼성전자(이하 회사의 경우 '주식회사' 생략)와 삼성생명에 대하여 사실상 행사할 수 있는 의결권을 최대한 확보하는 것을 목표로 하는 삼성그룹 지배구조 개편작업을 말한다.

이에 대하여 법원은 **직권남용죄**만 유죄로 인정하고, **강요죄**는 위 나.항과 같은 이유로 **무죄**를 선고하였으며, **제3자뇌물수수**의 점은 위 승계작업의 존재나 '부정한 청탁'을 인정할 증거가 없다는 이유로 **무죄**를 선고하였다.[24)]

라. 플레이그라운드를 통한 최서원의 사익추구 지원

(1) KT에 대한 임직원 채용 및 광고 발주 요구

검찰의 공소사실은 다음과 같다. 대통령은 안종범에게 최서원이 추천한 홍보전문가가 KT에 채용될 수 있도록 연락하라고 지시하고 안종범은 KT 회장에게 윗선의 관심사항이라고 말하며 그 채용을 요구하여, 그로 하여금 피추천인을 KT의 전무급인 '브랜드지원센터장'으로 채용하게 하였다가

KT의 광고업무를 총괄하는 IMC본부장으로 전보하게 하고, 같은 방법으로 최서원이 추천한 자를 'IMC본부 그룹브랜드 지원 담당' 직원으로 채용하게 하였다. 그 후 대통령은 안종범을 통하여 플레이그라운드를 KT의 광고대행사로 선정해 줄 것을 요구하여, KT 회장으로 하여금 플레이그라운드를 KT의 광고대행사로 선정하도록 지시하게 함으로써 응모기준을 유리하게 변경한 공개 경쟁입찰을 통하여 플레이그라운드가 KT의 광고대행사로 선정되어 그 광고 7건 합계 5억 1,669만 원 상당의 수익을 올리게 하였다. 따라서 대통령이 최서원, 안종범과 공모하여 대통령과 경제수석비서관의 직권을 남용함과 동시에 이에 두려움을 느낀 KT 회장으로 하여금 대통령이 추천하는 자들을 광고담당 임직원으로 채용 또는 전보하게 한 후, 이들에게 플레이그라운드를 KT의 광고대행사로 선정하도록 지시하게 하여 의무 없는 일을 하게 했다는 것이다(직권남용죄 및 강요죄).

이에 대하여 법원은 사기업체에 특정인을 임직원으로 채용하거나 그 보직변경을 요구하는 것, 특정 기업체를 광고대행사로 선정하도록 요구하는 것은 대통령이나 경제수석비서관의 일반적 직무권한에 속하지 않음을 이유로 **직권남용죄**가 성립하지 않아 **무죄**이며, **강요죄**도 앞 나.항과 같은 이유로 **무죄**로 보았다.[25]

(2) 현대자동차 그룹에 대한 광고 발주 요구

검찰의 공소사실은 다음과 같다. 대통령은 안종범을 통하여 플레이그라운드를 현대자동차그룹의 광고대행사로 선정해 줄 것을 요구하여, 현대자동차그룹 부회장 등으로 하여금 계열 광고회사 대신 플레이그라운드를 현대자동차 및 기아자동차의 광고대행사로 선정하도록 지시하게 함으로써 플레이그라운드가 광고 4건 합계 7억 7,489만 원 상당의 수익을 올리게 하였다. 따라서 대통령이 최서원, 안종범과 공모하여 대통령과 경제수석비서관의 직권을 남용함과 동시에 이에 두려움을 느낀 현대자동차그룹 부회장 등으로 하여금 플레이그라운드를 현대자동차 및 기아자동차의 광고대행사로 선정하는 의무 없는 일을 하게 하였다는 것이다(직권남용죄 및 강요죄).

이에 대하여 법원은 특정 기업체를 광고대행사로 선정하도록 요구하는 것은 대통령이나 경제수석비서관의 일반적 직무권한에 속하지 않음을 이유로 **직권남용죄**가 성립하지 않아 **무죄**이며, **강요죄**도 위 나.항과 같은 이유로 **무죄**로 보았다.[26] 그 행위의 성격은 위 KT 사안과 마찬가지로 강요행위가 없었으므로 기업체에 대한 청탁이나 협조요청에 불과할 뿐 '지위를 이용한 불법행위'로 볼 수도 없을 것이다.

마. 더블루케이를 통한 최서원의 사익추구 지원

(1) GKL에 대한 장애인 펜싱팀 창단 및 운영위탁 요구

대통령은 2016년 1월 23일 최서원의 요청에 따라 안종범에게 'GKL이 스포츠단을 설립하는 데 컨설팅할 기업으로 더블루케이를 소개해 주라'고 지시하였다. 이에 따라 안종범이 소개한 더블루케이 측이 GKL(문체부 산하 한국관광공사의 자회사) 대표이사에게 배드민턴과 펜싱 선수단을 창단하고 그 설립·운영의 업무대행 용역업체인 더블루케이와 80억 원 상당의 업무대행 용역계약을 체결할 것을 요구하였으나, GKL은 경제적 부담이 크다는 이유로 이를 거절하였다.

이에 최서원은 문체부 제2차관 김종[27]에게 'GKL이 배드민턴과 펜싱 선수단을 창단해 줘야 하는 것 아닌가, 더블루케이를 도와줘야 되지 않느냐, 차관이 해결해 보라'고 요구하였고, 김종은 GKL 대표이사에게 '규모를 줄여서 긍정적으로 검토해 보라'고 지시하였다. 그러자 GKL 대표이사는 '직속상관(김종)의 말이라 어렵게 받아들일 수밖에 없다'고 보고 그 대신 장애인 팀을 창단하겠다고 제안하여 2016년 5월경 GKL은 장애인 펜싱팀을 창단하고 더블루케이는 그 펜싱팀 소속 선수들의 에이전트를 맡기로 하는 내용의 계약을 GKL, 선수 및 더블루케이 3자 간에 체결하였다. 그 결과 더블루케이

는 그 선수 3명의 전속계약금 중 50%의 에이전트 비용 합계 3천만 원의 수익을 올리게 되었다.[28)]

공소사실은 대통령이 최서원, 안종범, 김종과 공모하여 대통령과 문체부 제2차관의 직권을 남용하여 GKL이 더블루케이와 선수 에이전트계약을 체결하도록 요구함으로써 직권을 남용함과 동시에, 이에 두려움을 느낀 GKL 대표이사로 하여금 더블루케이를 GKL의 장애인 펜싱선수 에이전트로 위촉하는 계약을 체결하는 의무 없는 일을 하게 하였다는 것이다(직권남용죄 및 강요죄).

이에 대하여 법원은 **직권남용죄**는 **유죄**이나, **강요죄**는 위 나.항과 같은 이유로 **무죄**로 보았다.[29)]

(2) 포스코그룹에 대한 펜싱팀 창단 및 운영위탁 요구

대통령은 2016년 2월 22일 포스코그룹 회장에게 '포스코에서 여자 배드민턴 팀을 창단해 주면 좋겠다, 더블루케이가 그 자문을 해줄 수 있을 것이다'라고 제안하였다. 이에 포스코의 경영지원본부장은 더블루케이 대표이사를 만났으나, 창단비용 46억 원 상당인 여자 배드민턴팀의 창단은 포스코의 적자경영과 기존 다양한 체육팀 운영 중임을 이유로 거절하였다. 그 후 안종범이 위 경영지원본부장에게 포스코 내 여러 종목을 모아서 스포츠단을 창단하는 대안을 제시하였으나, 포스코그룹 측은 2016년 5월 18일 이 대안도 과도한 비용이 소요된다는 이유로 거절하고 그 대신 포스코그룹 계열사 산하에 2017년부터 창단비용 16억 원 상당의 펜싱팀을 창단하고 그 매니지먼트를 더블루케이에 맡기도록 하겠다는 내용으로 합의하였다. 그 후 포스코그룹은 '펜싱 선수단 창단 계획안'을 마련하고 창단할 계열사를 포스코피앤에스로 정하였으나, 더블루케이의 업무협약 체결 요청에 대하여 포스코피앤에스는 이사회 승인을 위한 운영안 등 구체적인 자료를 제출하기 전에는 업무협약을 체결할 수 없다는 이유로 거절하였다.[30)]

공소사실은 대통령이 최서원, 안종범과 공모하여 위와 같이 대통령의 직권을 남용함과 동시에 이에 두려움을 느낀 포스코그룹 회장으로 하여금 펜싱팀을 창단하고 더블루케이에 그 매니지먼트를 맡기기로 하는 내용의 합의를 하는 의무 없는 일을 하게 하였다는 것이다(직권남용죄 및 강요죄).

이에 대하여 법원은 위 '합의'는 상호 교섭과정에서 펜싱팀의 창단을 추진하기로 하였다는 것에 불과할 뿐 포스코그룹이 펜싱팀을 창단하고 더블루케이에 그 매니지먼트를 맡기는 법률상 의무를 지기로 하는 구속력 있는 합의가 완성되었다는 취지가 아니므로, 기수에 이르지 못하여 **미수범 처벌규정이 없는 직권남용죄**는 **무죄**이고, **강요죄**는 위 나.항과 같은 이유로 **무죄**로 보았다.[31)]

(3) 롯데그룹에 대한 체육시설 건립자금 지원 요구

롯데그룹은 산하 월드타워 면세점이 2015년 11월 14일 면세점 특허사업자 선정에서 탈락하여 2016년 6월 30일자로 면세점 특허기간 만료에 따른 영업종료가 예정되어 있었다.

이에 롯데그룹은 월드타워 면세점특허 재취득을 위한 노력을 하고 있었다. 당시 관세청도 시내 면세점 특허를 추가하는 방안을 신속히 마련하라는 청와대의 지시에 따라, 2016년 2월 18일 그러한 내용의 제도 개선 방안을 같은 해 3월에 확정·발표할 예정이라는 현안보고를 안종범에게 하였다.

이러한 상황에서 대통령은 2016년 3월 14일 단독면담 당시 롯데그룹 신동빈 회장에게 케이스포츠의 하남시 거점 체육시설 건립사업[32]에 대한 롯데그룹의 자금지원을 요청하였고, 그 후 안종범에게 그 자금지원 상황을 확인할 것을 지시하였다. 이에 따라 신동빈 회장은 롯데그룹 6개 계열사로 하여금 케이스포츠에 하남시 체육시설 건립자금 70억 원을 송금하게 하였다. 그 후 케이스포츠는 2016년 6월 9일부터 같은 달 13일까지 사이에 위 70억 원을 롯데그룹에 반환하였다.[33]

공소사실은 대통령이 최서원과 공모하여 롯데그룹 신동빈 회장에게 위와 같은 요청을 하여 대통령의 직권을 남용함과 동시에 이에 두려움을 느낀 신동빈 회장으로 하여금 담당 임원들에게 계열사 자금으로 케이스포츠를 지원하도록 지시하게 함으로써 의무 없는 일을 하게 하고(직권남용죄 및 강요죄), 대통령의 직무에 관하여 시내면세점 추가 등 시내면세점 제도개선 방안의 조속한 추진을 포함하여 월드타워 면세점특허를 재취득할 수 있게 해달라는 묵시적 부정청탁을 받고 케이스포츠에 위와 같이 70억 원을 제공하게 하였다는 것이다(제3자뇌물수수죄).

이에 대하여 법원은 **직권남용죄와 제3자뇌물수수죄**(롯데그룹 신동빈 회장은 제3자뇌물교부죄)는 **유죄**, **강요죄**는 위 나.항과 같은 이유로 **무죄**로 판시하였다.[34)]

21) 이들 문건은 검찰이 2016. 10. 26. 최서원의 주거지인 미승빌딩 6층 서재 내에서 압수수색영장을 집행하여 압수한 최서원 소유의 외장하드 1개에 저장된 문건이지만, '압수할 물건' 외의 물건에 해당하여 영장주의를 침해한 증거로서 그 전자정보나 이에 근거한 진술은 증거능력이 없고, 달리 증거가 없다고 판시하였다[대통령 피고사건의 1심 판결(2017고합364-1), 510~513면].

22) 대통령 피고사건의 파기환송심 판결(2019노1962).

23) 최서원 피고사건의 상고심 판결(2018도13792), 36~37면.

24) 대통령 피고사건의 1심 판결(2017고합364-1).

25) KT와 관련하여, 직권남용권리행사방해의 점은 대통령 피고사건의 1심 판결(서울중앙지방법원 2017고합364-1) 시부터 무죄로 선고되었고, 강요의 점은 최서원 피고사건의 상고심 판결(2018도13792) 시부터 무죄로 보게 되었다.

26) 현대자동차 그룹과 관련하여, 직권남용권리행사방해의 점은 대통령 피고사건의 1심 판결(서울중앙지법 2017고합364-1) 시부터 무죄로 선고되었고, 강요의 점은 최서원 피고사건의 상고심 판결(2018도13792) 시부터 무죄로 판시되었다.

27) 문체부 제2차관은 한국관광공사와 GKL에 대한 관리·감독 업무를 담당함.

28) 이러한 계약체결 경위에 관하여는 대통령 피고사건의 1심 판결(2017고합364-1), 269~273면.

29) 이 사건 강요의 점은 최서원 피고사건의 상고심 판결(2018도13792) 시부터 무죄로 판시하였다.

30) 대통령 피고사건의 항소심 판결(2018노1087), 148~153면.

31) 포스코 그룹과 관련하여, 직권남용죄는 대통령 피고사건의 1심 판결에서는 유죄로 판시하였으나 항소심 판결(2018노1087) 시부터 무죄로 판시하였고, 강요의 점은 같은 판결에서는 강요미수로 유죄선고를 하였으나 최서원 피고사건의 상고심 판결(2018도13792) 시부터 무죄로 보았다.

32) 5대 거점 체육인재 육성사업 중 하남 거점 체육시설 건립 사업을 말함.

33) 대통령 피고사건의 1심 판결(2017고합364-1), 353면.

34) 이 사건 강요죄 부분은 최서원 피고사건의 상고심 판결(2018도13792) 시부터 무죄로 판시하였다.

〈특검수사로 추가된 공소사실 중 유죄선고 부분〉

혐 의	판 결
삼성전자의 최서원 딸 승마 지원 • 2015. 7. 25. 및 2016. 2. 15. 각 단독면담시 대통령이 이재용에게 승마선수단 지원 요청 • 삼성전자는 코어스포츠(최서원 지배 회사)와 승마선수단 지원 용역계약 →용역대금 36억 3,484만 원 지급 • 삼성전자는 최서원에게 딸(승마선수)의 승마용 말 3필(34억 1,797만 원 상당) 제공 및 선수단 차량 4대 무상사용이익 제공	**뇌물수수죄** (상대방: 뇌물공여·업무상횡령죄)
삼성전자의 영재센터 지원 • 위 각 단독면담시 대통령이 이재용에게 동계스포츠 메달리스트들이 설립하는 영재센터 후원 요청 • 2015. 10. 2. 및 2016. 3. 3. 영재센터에 총 16억 2,800만 원 지급	**제3자뇌물수수·직권남용죄** (상대방:제3자뇌물교부·업무상횡령죄)
SK그룹의 가이드러너 사업 지원 요구 • 2016. 2. 16. 단독면담시 대통령이 SK그룹 회장에게 K스포츠의 가이드러너 사업 지원 요청 • 케이스포츠는 가이드러너학교 설립자금, 더블루케이의 연구용역비 등 총 89억 원 요청 → 거절	**제3자뇌물요구죄**
CJ그룹 이미경 부회장 경영퇴진 요구	**강요미수죄**
하나은행 이상화 지점장의 본부장 승진 요구	**강요죄**
문체부 공무원 노태강 사직 요구	**직권남용죄**

2. 삼성그룹의 승마 및 영재센터 지원 사건

가. 최서원의 딸 J에 대한 승마 지원

사실관계

대통령은 2014년 9월 15일 단독면담 당시 이재용에게 "대한 승마협회 회장사를 삼성그룹에서 맡아주고, 승마 유망주들이 올림픽에 참가할 수 있도록 좋은 말도 사 주는 등 적극 지원해 달라."고 요구하여, 이재용은 삼성전자의 대외협력 사장 박상진이 2015년 3월경부터 대한승마협회의 회장, 삼성전자의 대외협력 담당 스포츠기획팀장(전무) 황성수가 2015년 8월경부터 대한승마협회의 부회장을 맡도록 하였다. 또한 대통령은 2015년 7월 25일 단독면담 당시 이재용에게 "승마 유망주들을 해외 전지훈련도 보내고 좋은 말도 사주어야 하는데, 이를 안 하고 있으니 적극적으로 지원해 달라."고 요구하고, 2016년 2월 15일 단독면담 당시에도 이재용에게 그 지

원을 거듭 요구하였다. 최서원의 딸 J는 그 승마선수에 포함된다.[35)]

이재용 및 미래전략실의 실장 최지성, 차장 장충기의 지시를 받은 박상진과 황성수는 2015년 8월 26일 최서원이 사실상 1인회사로 지배하는 코어스포츠(승마선수단의 독일 전지훈련을 위한 컨설팅 회사, 2016년 2월경 '비덱스포츠'로 명칭이 변경되었으나 '코어스포츠'로 표기함)와 '삼성전자가 코어스포츠에 2015년 8월경부터 2018년 12월경까지 운영비(승마선수단 지원 및 장비 구입·임차, 대회참가비 및 인건비)와 말·차량 구입비 명목의 용역대금을 지급한다'는 내용의 용역계약을 체결하였다. 삼성전자는 위 용역계약에 따른 용역대금 명목으로 코어스포츠에 2015년 9월 14일 10억 8,687만 원, 2015년 12월 1일 8억 7,935만 원, 2016년 3월 24일 9억 4,340만 원, 2016년 7월 26일 7억 2,522만 원, 합계 36억 3,484만 원을 지급하였으며, J가 승마 훈련 및 대회출전에 사용할 마장마술용 말 3필 합계 34억 1,797만 원 상당을 구입하여 최서원에게 제공하고, 선수단 승차 차량 3대 및 말 수송차량 1대를 대금 합계 5억 308만 원에 구입하여 이를 최서원이 무상으로 사용하게 하였다. 삼성전자의 구입일자는 2015년 10월 21일 위 말 3필 중 살시도를, 2016년 2월 4일 나머지 비타나와 라우싱을 구입하였고, 2015년 10월 14일 위 선수단 승차 차량 3대를, 2015

년 12월 14일 위 말 운송차량 1대를 구입하였다. 그 구입 당시 삼성전자가 마필보험료 합계 2억 4,146만 원도 지급하였지만, 그 보험금 수익자는 삼성전자이므로 그 보험료는 뇌물수수 금액에서 제외되었다.

판결요지

법원은 대통령과 최서원이 공모하여 2015년 8월 26일 이재용과 위와 같이 액수미상 용역계약 명목으로 뇌물수수를 약속하고,[36] 삼성그룹 계열사들의 기업활동에 대한 광범위하고 강력한 권한을 가진 대통령의 직무에 관하여(이른바 '포괄적 뇌물죄'로 의율) 위 용역대금 명목의 합계 돈 36억 3,484만 원 및 말 3필 합계 34억 1,797만 원 상당을 수수하고, 위 차량 4대의 무상사용이익을 수수한 것으로 보았다(**뇌물수수죄**). 정확한 죄명은 '특정범죄가중처벌 등에 관한 법률위반(뇌물)죄'이지만, 이해의 편의상 일반법인 형법의 죄명으로 표기하기로 한다(이하, 이 책에서는 뇌물죄에 관하여 마찬가지 방식으로 표기함).

따라서 이재용, 최지성, 장충기, 박상진, 황성수는 공모하여 업무상 같은 금액의 삼성전자 회사자금을 횡령하여(다만, 살시도는 말 자체를 횡령한 것임)[37] 그 뇌물을 공여하였다는 것이다(**업무상횡령죄** 및 **뇌물공여죄**).[38] 위 업무상횡령죄의 정확한 죄명은 특정경제범죄가중처벌등에관한법률위반(횡령)죄이지만, 이해의 편의상 일반법인 형법의 죄명으로 표기한다(이하, 이 책에서는 횡령죄 및 배임죄에 관하여 마찬가지 방식으로 표기함).

나. 영재센터 지원

사실관계

대통령은 최서원의 요청을 받고 위 2015년 7월 25일 단독면담 당시 이재용에게 "동계스포츠 메달리스트들이 설립한 단체인 영재센터에 돈을 지원해 달라."고 말하여 동계스포츠 메달리스트들이 재능 있는 아동들을 선수로 육성하는 사단법인 한국동계스포츠영재센터(이하 '영재센터'라 함)에 대한 후원을 요구하고, 2016년 2월 15일 단독면담 당시에도 이재용에게 그 추가 후원을 요구하였다.

이에 따라 이재용은 위 최지성, 장충기 등에게 영재센터의 지원을 지시하여 2015년 10월 2일 삼성전자의 회사자금 5억 5,000만 원을 후원금 명목으로 영재센터의 예금계좌로 송금하게 하고, 다시 2016년 3월 3일 삼성전자의 회사자금 10억 7,800만 원을 영재센터의 예금계좌로 송금하게 하였다.

판결요지

공소사실은 대통령이 최서원과 공모하여, 대통령의 직권을 남용하여 위와 같은 후원 요구를 함과 동시에 이에 두려움을 느낀 이재용으로 하여금 영재센터를 후원하는 의무 없는 일을 하게 하고(직권남용죄 및 강요죄), 이재용의 승계작업을 도와달라는 취지의 부정한 청탁의 대가로 이재용으로 하여금 제3자인 영재센터에 합계 16억 2,800만 원을 공여하게 하였다는 것이다(제3자뇌물수수죄).

그리고 이재용은 최지성, 장충기와 공모하여 삼성전자의 회계담당자와 함께 업무상 삼성전자의 회사자금을 횡령하여 위와 같이 영재센터에 공여하였다는 것이다(업무상횡령죄 및 제3자뇌물교부죄).

이에 대하여 법원은 **대통령 및 최서원의 직권남용죄 및 제3자뇌물수수죄는 유죄**로 보았으나, 강요죄는 앞 2의 나.항(p.46,47)과 같은 이유로 무죄로 보았고,[39] **이재용, 최지성 및 장충기의 업무상횡령죄 및 제3자뇌물교부죄는 유죄**로 보았다.

3. SK그룹의 가이드러너 지원 사건

사실관계

SK그룹은 워커힐호텔 면세점이 2015년 11월 14일 면세점 특허사업자 선정에서 탈락하여 2016년 5월 16일자로 면세점 특허기간 만료에 따른 영업종료가 예정되어 있었다. 워커힐호텔은 카지노 및 면세점에 뷰티·헬스케어 산업을 접목하는 사업전략을 추진하던 중 위 면세점 특허사업자 선정 탈락으로 인하여 성장 동력의 상실 및 기존 면세점 종업원들의 고용문제에 직면하게 되었다. 앞서 롯데그룹의 월드타워 면세점과 관련하여 언급한 것처럼 대통령은 2016년 1월 31일 면세점 신규특허 수를 늘리는 제도개선책인 '면세점 신규특허 방안'을 같은 해 3월 내로 신속히 시행할 것을 지시하였다. 이에 SK그룹도 위 '면세점 신규특허 방안'의 조속한 추진을 포함한 워커힐호텔 면세점특허 재취득을 바라고 있었다. 또한 SK그룹은 2015년 12월 1일 계열회사인 SK텔레콤이 CJ그룹 계열의 CJ헬로비전을 인수하고 미래창조과학부, 방송통신위원회 및 공정거래위원회에 SK텔레콤의 자회사인 SK브로드밴드와 CJ헬로비전의 합병 승인신청을 하였으나, 이동통신 경쟁업체 등이 반대하는 상황에서 그 신속한 심사와 승인을 바라고 있었다. 그리고 SK그룹 회장 최태원의 동생(SK그룹 수석부회장)이 업무상 횡령죄(특정경제범죄법위반)로 수감된 후 형집행률이 80%를 넘어 사면이나 가석방으로 출소하게 되기를 바라는 상황이었다.

이러한 상황에서 대통령은 2016년 2월 16일 단독면담 당시 SK그룹 회장 최태원에게 종전 미르와 케이스포츠에 대한 설립자금 출연에 감사를 표하면서 이 재단들에 대한 지속적 관심과 지원을 요구하고, 시각장애인 선수의 경기를 돕는 가이드러너 양성사업에 대한 지원을 당부하였다. 당시 가이드러너 양성사업은 케이스포츠가 더블루케이에 연구용역을 주고 진행할 예정이었다. 그 자리에서 최태원 회장은 위 워커힐 면세점특허의 재취득 탈락과 관련하여 '면세점 탈락 이후 직원들의 고용이 걱정이다', SK브로드밴드와 CJ헬로비전의 합병 심사와 관련하여 '신속하게 결론을 내주시는 것이 모두에게 좋을 것 같다', 동생의 형 집행과 관련하여 '동생이 아직 못 나와서 제가 조카들 볼 면목이 없다'는 취지의 말을 하였다. 이에 대해 대통령은 '면세점 제도개선 방안을 마련 중이다', (위 합병 심사에 대하여는) '알겠다'고만 답변하였을 뿐이다(SK그룹 회장의 진술). 안종범은 대통령과 최태원 회장의 위 단독면담 직후 플레이그라운드와 관련된 서류를 최태원 회장에게 전달하였고, 같은 달 23일에는 대통령으로부터 전달받은 더블루케이 회사소개서, 더블루케이의 가이드러너 연구용역제안서, 가이드러너 전문학교 설립기획 문건 및 펜싱·배드민턴·테니스 유망주 지원을 위한 해외훈련 계획 문건(이들 문건은 최서원의 지시로 케이스포츠 과장 박헌영이 작성)을 SK그룹 측에 전달하였다.[40)]

그 후 최서원의 지시에 따라 케이스포츠의 사무총장 정현식과 과장 박헌영은 SK그룹 측에 더블루케이에 가이드러너 연구용역비 4억 원, 케이스포츠에 가이드러너 전문학교 설립 및 운영비 35억 원 및 펜싱·배드민턴·테니스 유망주들의 해외전지훈련비 50억 원(독일 코어스포츠로 송금 요청), 합계 89억 원 지원해 줄 것을 요청하였다. 이에 대하여 SK그룹 측은 위 해외전지훈련비는 제외하고 케이스포츠에 30억 원을 지원하는 것으로 케이스포츠와 협의하던 중, 안종범의 건의를 받은 대통령의 지원중단 지시로 가이드러너 사업에 대한 지원이 실제로 이루어지지는 않았다. 대통령의 위 지원중단 지시 경위는 SK그룹의 이형희 부사장이 케이스포츠와 가이드러너 사업 지원 협상을 진행하던 중 2016년 3월 28일 안종범에게 '케이스포츠 측의 요구사항에 문제가 있는 것 같다'는 의견을 제기하였고, 이에 안종범이 그 문제점과 우려사항을 검토한 다음 대통령에게 지원중단을 건의하였으며, 대통령도 '중단하는 것이 좋겠다'고 말하며 중단을 지시하여 같은 해 5월 초·중순경 안종범이 위 이형희 부사장에게 '더 이상 케이스포츠 자금지원 문제는 생각하지 않아도 된다'고 말하게 되었다는 것이 안종범의 진술이다.

그러나 대통령은 위와 같이 SK그룹에 구체적으로 가이드러너 양성사업 지원을 당부한다거나 관련 문건을 SK그룹에 전달하게 한 사실을 부인하고 있다. 또한 안종범으로부터 위 지원중단 건의를 받거나 그 중단을 지시한 적도 없다고 진술하였다.[41)]

판결요지

공소사실은 대통령이 최서원과 공모하여 대통령의 직무에 관하여 SK그룹 회장으로부터 '워커힐 면세점 신규특허 발행절차를 신속히 진행해 달라', 'CJ헬로비전과의 기업결합 승인신청에 대해 신속히 결론을 내달라', '회장 동생이 형기만료 전에 조기석방 될 수 있도록 배려해 달라'는 **명시적 부정청탁**을 받고 케이스포츠에 가이드러너 사업 지원금 89억 원을 제공하도록 요구하였다는 것이다(제3자뇌물요구죄).

이에 대하여 법원도 대통령과 최서원이 공모하여 SK그룹 회장으로부터 위와 같은 내용의 명시적 부정청탁을 받고 **제3자뇌물요구죄**를 범한 것으로 판시하였다.

4. CJ그룹에 대한 강요미수 사건

사실관계

2005년부터 대한상공회의소 회장으로 재임하고 있던 손경식은 2013년 7월 1일 CJ그룹 회장 이재현이 구속된 후로는 CJ그룹 회장으로서 그룹업무를 총괄하고 있었고, 이재현의 누나 이미경은 CJ그룹 부회장으로서 CJ E&M 등 그룹 내 엔터테인먼트 사업 분야를 총괄하면서, 대통령이 대선후보일 당시인 2012년 6월경 CJ E&M이 운영하는 케이블방송채널 tvN에서 대통령을 희화화(戱畫化)한 방송을 송출하는 등의 문화콘텐츠 사업을 해 왔다.

대통령은 2013년 7월 4일 경제수석비서관 조원동에게 'CJ그룹이 걱정된다. 손경식 회장이 대한상공회의소 회장직에서 물러나고 이미경 부회장은 CJ그룹의 경영에서 물러났으면 좋겠다'고 말하였다. 이에 따라 조원동은 손경식에게 이미경이 경영 일선에서 물러날 것을 요구하면서 만약 불응하면

수사 등 더 큰 일이 벌어질 것처럼 말하였으나 손경식 및 이미경은 이에 불응하였다.

판결요지

법원은 대통령과 조원동이 공모하여 위와 같이 이미경의 CJ그룹 부회장직 사퇴와 경영퇴진을 요구하고, 그 요구에 불응할 경우 CJ그룹 또는 이미경에 대하여 수사나 기업활동 전반에 걸친 불이익을 당할 위험이 있다는 위구심을 일으키게 하는 등 해악을 고지(협박)하였으나, 그 피해자들이 이에 응하지 않아 미수에 그친 것으로 보고 **강요미수죄**를 인정하였다.

5. 하나은행 본부장 임명 관련 강요 사건

사실관계

대통령은 최서원의 부탁에 따라 경제수석비서관 안종범에게 최서원의 지인인 하나은행 독일 프랑크푸르트 이상화 지점장을 하나은행 본부장급으로 승진 발령이 나도록 하라고 지시하고, 이에 안종범은 금융위원회 부위원장 정찬우를 통하여 하나금융그룹 김정태 회장에게 이상화 지점장을 본부장으로 발령 낼 것을 요구하였다. 그러나 김정태 회장은 2016년 1월 7일 하나은행 정기인사에서 이상화 지점장을 하나은행 삼성타운 지점장으로 전보하였다.

그 후 대통령은 최서원의 요청에 따라 다시 같은 달 21일 안종범에게 이상화 지점장을 본부장으로 승진시키라고 재차 지시하였다. 안종범은 김정태 회장에게 화를 내며 "이상화를 바로 본부장으로 승진시키랬지 언제 센터장을 했다가 나중에 본부장 승진시키라고 했습니까? 당장 승진시키세요. 무조건 빨리 하세요. 지금 이거 내 이득을 위해서 합니까? 그렇게 안 돌아갑니까?"라고 요청하였다. 이에 김정태 회장은 하나은행 부행장에게 글로벌 영업본부 조직개편을 지시하여 글로벌 영업그룹장 밑에 1본부장과 2본부장을 신설하게 한 다음, 같은 해 2월 1일 이상화 지점장을 글로벌 영업2본부장으로 임명하였다.

판결요지

공소사실은 대통령, 최서원, 안종범 및 정찬우가 순차 공모하여 대통령, 경제수석비서관, 금융위원회 부위원장의 은행에 대한 감시·감독 권한 등 직권을 남용하여 하나금융그룹 김정태 회장으로 하여금 이상화 지점장을 글로벌 영업2본부장으로 임명할 것을 요구하고, 이에 두려움을 느낀 김정태 회장으로 하여금 이상화 지점장을 글로벌 영업2본부장으로 임명하게 함으로써 의무 없는 일을 하게 하였다는 것이다(직권남용죄, 강요죄).

이에 대하여 법원은 사기업체에 개인의 임명을 부탁하거나 요청하는 행위는 대통령, 경제수석비서관 또는 금융위원회 부위원장의 일반적 직무권한 범위에 속하지 않는다는 이유로 **직권남용죄**는 **무죄**로 판시하고, **강요죄**는 **유죄**로 판시하였다.[42)]

6. 문화체육관광부 공무원 사직 요구 사건

사실관계

최서원은 2013년 4월경 전국승마대회에서 딸 J가 준우승에 그치자 편파판정 의혹을 제기하고, 같은 해 7월경 대통령비서실 정호성 제1부속비서관에게 전 대한승마협회(이하 '승마협회'라 함) 전무이사였던 박원오를 통해 승마협회 등 승마계의 문제점을 알아볼 것을 요청하였다. 정호성으로부터 이를 전달받은 모철민 교육문화수석비서관은 노태강 문화체육부(이하 '문체부'라 함) 체육국장에게 '대통령 관심사항이니 박원오를 만나 이야기를 듣고 필요한 조치를 취하라'고 지시하였다. 노태강은 문체부 체육정책과장 진재수로 하여금 박원오로부터 승마협회의 운영상 문제점에 관한 의견을 듣고 승마협회를 감사하게 한 결과, '승마협회의 문제점은 파벌싸움이고 박원오 측과 그 반대쪽 모두 문제가 있다'는 취지로 모철민을 통해 대통령에게 보고했다. 그 무렵 홍경식 민정수석비서관은 모철민에게 '노태강, 진재수에 대해 공직감찰을 했는데, 체육개혁에 대한 의지가 부족했고 공무원으로서의 품위유지에 문제가 있다'고 말했다. 대통령은 2013년 8월 21일 문체부 장관에게 '노태강 국장과 진재수 과장, 참 나쁜 사람이라고 하더라, 인사조치 하라'고 지시함에 따라, 유진룡 문체부 장관은 위 2인을 각 1개월 대기발령한 후 노태강은 국립중앙박물관 교육문화교류단장으로, 진재수는 한국종합예술학교로 좌천시켰다.

그 후 국립중앙박물관에서 한·불 수교 130주년 기념사업의 하나로 추진하던 '프랑스 장식 미술전' 개최가 2016년 2월 17일 무산되자, 이와 관련하여 국립중앙박물관장이 2016년 3월 14일 사임하였다. 그리고 대통령은 2016년 4월경 교육문화수석비서관(이하 '교문수석'이라 함) 김상률을 통해 당시 문체부 장관 김종덕에게 위 국립중앙박물관 교육문화교류단장 노태강의 사표를 받으라고 지시하였다. 이에 김종덕은 문체부 운영지원과장 강태서 등을 통해 노태강에게 '장관 윗선의 지시'라고 하면서 사직을 요구함으로써, 노태강으로 하여금 자발적 사직의사가 없음에도 2016년 5월 31일 사직서를 제출하게 하여 스포츠안전재단 사무총장으로 부임하게 하였다.

판결요지

공소사실은 대통령, 교문수석 김상률 및 문체부 장관 김종덕이 순차 공모하여, 그 직권을 남용하여 국립중앙박물관 교육문화교류단장 노태강에게 사직서를 제출하게 함으로써, 이를 거절할 경우 본인은 물론 동료들에게까지 인사상 불이익이 미칠 것을 두려워 한 노태강으로 하여금 사직서를 제출하게 하여 의무 없는 일을 하게 하였다는 것이다(직권남용죄, 강요죄).

이에 대하여 법원은 **직권남용죄**는 **유죄**로 선고하였으나, 노태강에게 사표제출을 요구한 강태서 과장이 그 이유를 '프랑스 장식 미술전' 무산 때문인 것 같다고 말한 점, 노태강의 직위와 공직경력, 노태강의 구체적 사표제출 경위 등에 비추어 보면 노태강에게 한 행위가 **강요죄**의 협박, 즉 해악의 고지에 해당한다고 볼 수 없다는 이유로 강요죄는 **무죄**를 선고하였다.[43]

35) 최서원의 딸 J는 승마 국가대표로 선발되어 2014년 인천 아시안게임 마장마술 단체전에서 금메달을 획득한 승마선수였다(대한승마협회의 2014. 4. 8.자 '국가대표 선발논란 사실해명 자료', 2014년 9. 24.자 '제17회 인천아시아경기대회 결과알림', http://kef.sports.or.kr/servlets/org/front/board/action/board? command=-search&listcount=10&orderby=&direction=&curpage=3, 2021. 1. 28. 확인).

36) 법원은 이러한 2015. 8. 26.자 용역계약 당시 최서원과 이재용 등 사이에서 그 뇌물수수의 약속 중에는 뇌물이 마지막으로 수수된 2016. 7. 26. 이후에도 적어도 당초 합의한 2018년 아시안게임 때까지는 J에 대한 승마 지원을 목적으로 액수 미상의 뇌물을 수수하기로 하는 확정적인 의사 합치가 있었다고 보아 별도의 뇌물약속죄를 인정하였다[대통령 피고사건의 파기환송심-2019노1962(39면)]. 이 점에 대한 평가는 용역대금에 관한 뇌물수수죄에 대한 평가와 같으므로 별도로 논하지 않는다.

37) 법원은 박상진은 삼성전자가 2015. 10. 21. 살시도를 구입하여 삼성전자 소유로 두려고 하였지만, 말의 소유권 귀속에 관한 최서원의 항의를 받고 2015. 11. 15. '최서원이 원하는 대로 해주겠다'는 뜻을 최서원에게 전달했으므로 그 이후에는 적어도 말의 실질적 사용·처분권이 최서원에게 있음을 인정한 것이고, 이때 이재용, 박상진 등이 공모하여 삼성전자 소유의 살시도를 횡령한 것으로 보았다(2018도2738).

38) 이재용, 최지성, 장충기, 박상진, 황성수 및 최서원에 대하여는 범죄수익인 이 사건 용역대금, 말 3필 및 차량 4대의 구입대금을 마치 승마 선수단의 해외 전지훈련 비용인 것처럼 가장하였다는 등의 범죄수익은닉의규제및처벌등에관한법률위반죄도 인정되었지만, 이 책에서는 논외로 한다.

39) 제3자뇌물수수죄 부분은 대통령 피고사건의 1심 판결(2017고합364-1)에서는 이재용을 위한 승계작업의 존재나 '부정한 청탁'을 인정할 증거가 없다는 이유로 무죄를 선고하였으나, 그 항소심 판결 시부터 묵시적 부정청탁을 인정하여 유죄를 선고하였으며, 이 사건 강요죄 부분은 최서원 피고사건의 상고심 판결(2018도13792) 시부터 무죄로 판시하였다.

40) 대통령 피고사건의 1심 판결(2017고합364-1), 379~380면.

41) 대통령 피고사건의 1심 판결(2017고합364-1), 358~362면.

42) 대통령 피고사건의 1심 판결(서울중앙지법 2017고합364-1) 및 파기환송심 판결(서울고법 2019노1962); 최서원 피고사건의 파기환송심 판결(서울고법 2019노1938).

43) 대통령 피고사건의 1심 판결에서는 노태강에게 사직서 제출을 강요한 것으로 보고 강요죄도 유죄 선고를 하였으나, 대통령 피고사건의 파기환송심(2019노1962, 72면)에서 강요죄는 무죄로 선고하였다.

4장 탄핵과 재판의 쟁점 분석

1. 탄핵 대상 사건

가. 자문·조언 받기 위한 공무상 문건의 제공이 공무상비밀누설인가?

(1) 공무상비밀누설죄의 법리

공무상비밀누설죄의 보호법익은 비밀 그 자체가 아니라 공무원의 비밀엄수의무의 침해에 의해 위태롭게 되는 국가기능이고,[44] 그 보호의 정도는 추상적 위험범으로 봄이 통설이다.[45]

공무상비밀누설죄의 구성요건은 공무원(또는 공무원이었던 자)이 법령에 의한 직무상 비밀을 누설하는 것이다(형법 제127조). '비밀'의 범위에 관하여 판례나 소수설은 "반드시 법령에서 비밀로 규정되었거나 비밀로 분류 명시된 사항에 한정되지 않고, 정치·군사·외교·경제·사회적 필요에 따라 비밀로 된 사항은 물론 정부나 공무소 또는 국민이 객관적, 일반적인 입장에서 외부에 알려지지 않는 것에 상당한 이익이 있는 사항도 포함하나, 실질적으로 그것을 비밀로서 보호할 가치가 있다고 인정할 수 있는 것이어야 한다."고 폭넓게 해석하고 있다.[46] 이에 대하여 통설은 형법 제127조에 '법령에 의한 직무상 비밀'로 명시하고 있는 점, 판례의 입장을 따를 경우 국가기능의 침해위험 여부 판단에 따라 비밀 여부가 가려지게 되어 당국의 자의적 법적용을 초래할 우려가 있고 법적용의 예측가능성을 침해한다는 점 등을 이유로 법령에 의해 비밀로 분류된 것만으로 한정해야 한다는 입장이다.[47]

통설이 죄형법정주의에서 파생하는 엄격해석원칙, 즉 피고인에게 불리한 지나친 확장해석 금지원칙[48]에 충실한 해석이다. 그뿐만 아니라 독일 형법(StGB)의 공무상비밀누설죄는 '공직자 등이 그 지위에서 지득하거나 기타의 방법으로 알게 된 비밀'이라고 규정한 것[49]과는 달리 형법 제127조는 '법령에 의한 직무상 비밀'이라고 제한하고 있는 점, 판례의 입장을 따를 경우 비밀 여부에 관한 재판부의 상이한 해석으로 공무상비밀누설죄가 정쟁에 이용될 여지가 농후해지므로 객관적 기준에 따른 해석으로 법적 안정성을 기할 필요가 있는 점에 비추어 보더라도 통설의 입장이 타당하다.

비밀의 '누설'이란 비밀사항을 그 내용을 모르는 제3자에게 알리는 것을 말한다.[50] 그러나 '비밀' 개념을 판례의 입장처럼 넓게 해석한다면 누설 개념은 보호법익을 반영하여 엄격하게 해석하는 것이 형벌의 예측가능성을 보장하고자 하는 죄형법정주의에 부합하는 해석이다. 그러므로 비밀에 관한 직무수행을 위해서 필요한 보조자에게 알리는 것은 그 비밀 수비(守備)로 보호해야 할 국가기능을 침해할 위험이 없는 행위로서 비밀의 '누설'에 해당하지 않는 것으로 보아야 할 것이다. 이는 '누설'의 개념에 관한 문제이므로 공무상비밀누설죄가 추상적 위험범이라는 이유로 달리 볼 것은 아니다.

(2) 사안 검토

이 사건은 대통령이 14개의 문건을 최서원에게 보낸 것을 공무상비밀누설죄로 인정하였다. 이 14개의 문건은 법령에 의해 비밀로 분류된 것이 아니므로 통설에 따르면 공무상비밀누설죄가 성립할 수 없다. 다만, 판례 입장에 의하면 정책, 인사, 대통령의 해외순방일정 등의 내용이 기재된 위 14개의 문건도 이 범죄의 객체인 '비밀'에 해당할 수 있을 것이다.

그러나 판례의 비밀 개념에 따르더라도 그 문건 중 중국 특사단 추천 의원 명단, 청와대 비서진 교체내용, 한반도 통일을 위한 구상 연설문, 체육특기자 입시비리 근절방안, 케이스포츠재단과 더블루케이의 스포츠클럽 지원사업 전면개편 방안, 로잔 국제스포츠 협력거점 구축 추진현황 등의 문건이 과연 실질적으로 비밀로서 보호할 가치가 있는 것으로 볼 것인지는 의문이다.

과거 '옷 로비 사건'에서 청와대의 대통령 법무비서관이 검찰총장 부인에 대한 무혐의 취지의 내사결과보고서를 그 검찰총장에게 전달한 사안에서 법원은 그 내사결과보고서를 비밀로 보지 않았다. 당시 법원은 "그 내용에 국가안전보장, 질서유지, 공공복리를 침해하는 요소가 있다고 볼 수 없고, 이 사건 내사결과보고서의 내용이 공개되어도 수사의 보안 또는 기밀을 침해하여 수사의 목적을 방해할 우려가 있거나 이해관계인들의 기본권이 침해될 우려가 있다고도 볼 수 없으므로 이 사건 내사결과보고서의 내용은 비공지의 사실이기는 하나 실질적으로 비밀로서 보호할 가치가 있는 것이라고 인정할 수 없고, 그 내용이 알려진다고 하더라도 국가의 기능을 위협하는 결과를 초래하게 된다고 인정되지도 아니한다."는 이유로 공무상 비밀로 볼 수 없다고 판시하였다.[51] 이 사건 위 문건들도 그 내용이 미리 공개되는 경우 국가기능을 위협하는 결과를 초래하게 되어 실질적으로 비밀로 보호할 가치가 있다고 보기는 어려울 것이다.

그리고 대통령은 과거 대통령선거 당시부터 연설문 표현 등에 조언을 받아 온 최서원의 조언을 받기 위해 정호성 비서관에게 '최서원의 의견을 들어보라'고 지시했을 뿐이라고 진술하고 있다. 정호성의 진술도 최서원의 의견을 들어보라는 대통령의 포괄적 지시에 따라 최서원에게 이 문건들을 전달하였고, 최서원은 그 문건을 검토하여 대통령에게 의견을 제시해 왔다'는 것이다.[52] 위 문건들의 내용도 주로 체육 관련 문건이 대부분이고, 그 밖에 연설문 내용, 해외순방 일정, 중국 특사단 추천 의원 명단, 청와대 비서진 교체내용 등으로서 대통령이 청와대에서 판단함에 있어서 최서원에게 자문이나 조언을 구하였음직한 내용이다. 그러므로 대통령은 최서원을 해당 문건 관련 직무수행의 조력자로 여기고 자신의 국정수행에 자문이나 조언을 구하기 위해 최서원에게 문건을 보낸 것으로 보아야 할 것이다. 따라서 이러한 행위는 대통령의 국정수행 등 국가기능에 지장을 줄 위험이 있는 행위로 볼 수 없기 때문에 비밀의 '누설' 행위로 볼 수 없을 것이고, 비밀누설의 고의를 인정할 수도 없을 것이다.

나. 현대자동차그룹에 대한 납품 알선의 쟁점

(1) 직권남용죄의 법리

직권남용죄의 보호법익에 관하여 종전 판례나 일부 학설은 '국가기능의 공정행사'로 보지만,[53] '국가기능의 공정행사'라는 국가적 법익과 '사람의 의사결정의 자유'라는 개인적 법익으로 보는 견해[54]도 있다. 전자의 견해는 직권남용죄가 형법에 공무원의 직무에 관한 범죄로 규정되어 있음을 논거로 하고, 후자의 견해는 그 범죄구성요건으로 '사람으로 하여금 의무 없는 일을 하게 하거나, 사람의 권리행사를 방해한 때'란 요건이 규정되어 있음(형법 제123조)을 논거로 한다. 판례는 최근 이 범죄구성요건을 엄격히 해석하여 직권남용죄는 "단순히 공무원이 직권을 남용하는 행위를 하였다는 것만으로 곧바로 성립하는 것이 아니다. 직권을 남용함으로써 현실적으로 다른 사람이 법령상 의무 없는 일을 하게 하였거나 다른 사람의 구체적인 권리행사를 방해하는 결과가 발생하여야 하고, 그 결과의 발생은 직권남용 행위로 인한 것이어야 한다." 고 판시하고 있다.[55] 생각건대 이러한 판례에서 알 수 있듯이 이 범죄가 '사람의 의사결정의 자유'를 침해하는 범죄로서의 성격도 지니고 있음에 비추어 보면 '국가기능의 공정행사'라는 국가적 법익과 '사람의 의사결정의 자유'라는 개인적 법익을 중첩적 보호법익으로 보아야 할 것이다.

보호법익의 보호정도에 관해서도 보호법익을 '국가기능의 공정행사'로 보는 입장에서 추상적 위험범으로 보는 견해와,[56] 보호법익 중 '국가기능의 공정행사'에 관하여는 추상적 위험범, '사람의 의사결정의 자유'에 관하여는 침해범으로 보는 견해가 대립하고 있다.[57] 이 죄는 미수범 처벌규정이 없으므로 보호법익의 보호정도에 따라 범죄의 성립 여부를 가리게 되는데, 현실적으로 다른 사람으로 하여금 법령상 의무 없는 일을 하게 하였거나 다른 사람의 구체적인 권리행사를 방해하는 결과가 발생해야 범죄가 성립한다는 점에서 후자의 견해가 타당하다.

직권남용죄의 구성요건은 공무원이 직권을 남용하여 사람으로 하여금 의무 없는 일을 하게 하거나 사람의 권리행사를 방해하는 것이다(형법 제123조).

'직권남용'이란 공무원이 일반적 직무권한에 속하는 사항에 관하여 그 직권을 행사하는 모습으로 실질적·구체적으로 위법·부당하게 권한을 행사하는 것을 말한다(통설·판례).[58] 그 남용 여부를 판단하는 기준은 구체적인 공무원의 직무행위가 본래 법령에서 그 직권을 부여한 목적에 따라 이루어졌는지, 직무행위가 행해진 상황에서 볼 때 필요성·상당성이 있는 행위인지, 직권행사가 허용되는 법령상의 요건을 충족했는지 등을 종합하여 판단해야 한다는 것이 판례의 입장이다.[59] 이처럼 판례의 입장은 공무원의 행위가 위법한 경우뿐만 아니라 부당한 경우도 직권남용 행위에 포함된다고 하여 직권남용의 개념을 매우 광범위하게 보면서도, 직권부여의 목적, 행위의 필요성·상당성 및 법령상 요건 충족 여부 등을 종합하여 판단하라고 그 판단요소만 제시함으로써 구체적 판단기준을 제공해 주지는 못하고 있다. 그 결과 재판부에 따라 직권남용인지 여부가 자의적으로 판단될 여지가 많게 되어 이 죄가 정쟁의 수단으로 전락할 우려가 높다. 그리하여 직권남용의 판단기준을 명확히 정립할 필요가 있는데, 이에 관하여 몇몇 견해가 제시되고 있다.

다수의 견해는 직권남용의 개념은 직무행위의 목적을 기준으로 판단해야 한다는 입장이다. 이러한 입장의 견해로 ① 직권남용 여부는 그 직무행위의 목적을 고려하여 판단할 수밖에 없다고 보고, 실질상 부당한 목적이면서 외형·형식상 위법·부당한 행위이면 직권남용이 되고, 실질상 부당한 목적이지만 외형·형식상 정당한 행위이면 직권남용이 될 수 있으며, 실질상 정당한 목적이면서 외형·형식상 위법·부당한 행위이면 직권남용은 안 되지만 다른 범죄가 성립할 수 있다고 보는 견해,[60] ② 판례가 직권남용의 개념을 '그 직권을 행사하는 모습으로 실질적·구체적으로 위법·부당하게 권한을 행사하는 것'이라고 판시하고 있는 것은 수단이 외형상 적법한 형태를 띠는 경우 그 직무행위의 목적을 고려하여 직권남용 여부를 판단할 수밖에 없음을 말하는 것이라고 보는 견해,[61] ③ "실무에서는 일반적으로 행위자의 '동기'를 고려하여 사적인 목적으로 자신에게 귀속된 권한을 행사하는 경우에는 직권남용죄가 성립하는 것으로 이해한다. 즉, 직권남용죄란 '형식은 공무원의 직권을 행사하는 것처럼 보이지만, 실질은 사익을 위한 경우'에 성립하는 범죄이다."라고 하는 견해[62]가 있다.

이에 대하여, 공무원의 직무상 권한을 해당 공무원에게 법령상 인정되는 모든 직무수행 권한을 추상적 직무권한, 그 중 구체적으로 귀속되어 있는 구체적 직무권한으로 구분하고, 구체적 직무권한 범위 내에서는 행위자의 주관적 목적이 아닌 직무수행권한 부여의 목적과 직무집행의 기준·방식을 기준으로 재량권 남용 여부를 판단하고, 구체적 직무권한 범위를 넘지만 추상적 직무권한 범위 내에서는 그것만으로 직권남용이 되며, 추상적 직무권한 범위를 넘는 경우에도 권한의 남용과 같은 외관을 가지는 등 일정한 전제조건이 구비되면 직권남용을 인정할 수 있다는 견해(소수설)[63]가 있다.

생각건대 원래 민법 제2조 제2항에서 말하는 권리의 '남용'이란 권리를 행사하되 그 권리 부여의 목적에 반하여 행사하는 것을 의미하고,[64] 직권남용도 이러한 권리남용의 일종이다.[65] 상법에서도 권한남용이란 객관적으로는 권한범위 내이지만 주관적으로는 자기나 제3자의 이익을 꾀하는 행위를 말하고,[66] 행정법 분야에서도 권한범위 내인 권한의 남용과 권한범위를 넘는 권한의 유월(逾越)이란 용어를 구분하여 사용하고 있다.[67] 그러므로 형법에서의 직권남용 개념도 권한범위 내에서 직권부여의 목적에 반하는 행위를 말하는 것으로 보아야 할 것이다. 판례가 직권남용은 '일반적 직무권한에 속하는 사항에 관하여 그 직권을 행사하는 모습으로' 권한을 행사하는 경우라고 해석하는 것도 직권남용을 권리남용의 일종으로 보기 때문이다. 이때 행위자가 자기나 제3자의 이익을 꾀하거나 상대방이나 제3자의 불이익을 꾀하려는 주관적 목적을 가진 것은 그 행위를 직권부여의 목적에 반하는 것으로 평가하게 되는 요인이 될 수 있다. 실제로 직권남용 여부는 이러한 행위자의 목적이나 동기 등 주관적 요소에 의해 판단되는 경우가 대부분이다.[68] 다만, 행위자의 목적이 직권부여의 목적에 반하더라도 행위의 필요성·상당성 및 법령상 요건 충족 여부 등을 종합하여 '국가기능의 공정'을 위태롭게 하지 않는 경우라면 직권남용이 되지 않는 것으로 위 판례의 입장을 이해할 수 있을 것이다.[69]

그러나 행위자의 목적이 직권부여의 목적에 반하지 않는 경우라면, 예컨대 공익목적 행위임에도 불구하고 행위의 필요성·상당성이 없다거나 법령상 요건을 충족하지 못하였다는 등의 사유로 직권남용으로 보는 것은 직권남용의 의미를 과도하게 확장해석하는 것이므로 죄형법정주의의 엄격해석원칙에 비추어 허용할 수 없을 것이다.[70] 추상적 직무권한 범위 내에서는 구체적 직무권한 범위를 넘기만 하면 그 목적을 불문하고 그것만으로 직권남용이 된다고 보는 위 소수설은 직권남용의 개념을 근거 없이 확장하는 것이 되어 부당하다. 또한 위 소수설이 추상적 직무권한 범위를 넘는 경우에도 권한의 남용과 같은 외관을 가지는 경우에는 직권남용을 인정할 수 있다고 보는 것은 거래의 안전을 위한 사법(私法)상의 외관이론을 실체적 진실발견과 죄형법정주의의 엄격해석원칙이 관철되어야 하는 형법에 도입하는 셈이 되어 부당하다.

최서원 게이트에서 의율된 직권남용죄의 경우에는 강요행위가 없었으므로 모두 대통령 등이 중소기업 지원이나 문화·체육 진흥과 같은 공익 명목으로 적법하게 직권을 행사한 사안이었다. 그러므로 그 행위가 직권부여의 목적에 반하는 직권남용에 해당하려면 대통령 등이 그 직권을 행사할 당시 최서원의 사익추구를 알면서 이를 돕기 위해 직권을 행사한 경우라야 할 것이고, 그렇지 않은 경우라면 직권남용으로 볼 수 없을 것이다.

(2) 사안 검토

이 사건의 경우 대통령의 행위가 직권남용죄에 해당하기 위해서는 그 행위가 대통령의 일반적 직무권한에 속하는 사항이고, 공무원으로서의 직권을 '남용'한 행위에 해당하며, 그 직권남용 행위로 인하여 다른 사람으로 하여금 법령상 의무 없는 일을 하게 한 경우라야 한다.

법원은 대통령이 정부의 중요정책을 수립·추진하는 등 모든 행정업무를 총괄하면서 기업체들의 활동에도 직무상·사실상의 영향력을 행사할 수 있는 지위에 있고, 경제수석비서관은 대통령의 중소기업 관련 정책 등을 총괄·보좌하는 지위에 있으며, 중소기업기본법에 의하면 정부는 중소기업이 대기업과 협력 및 동반성장을 촉진할 수 있도록 시책을 실시하고 중소기업청장은 중소기업 제품의 홍보·판매 지원 사업, 판로 개척 사업 등을 실시할 수 있도록 규정하고 있고, 이 사건의 경우 대통령과 안종범이 현대자동차그룹 회장 및 부회장과 만나 정부의 정책을 설명하고 협조를 구하는 자리에서 '중소기업체인 케이디코퍼레이션이 좋은 기술을 갖고 있다고 하니, 활용 가능하면 채택해 주었으면 한다'고 말한 점에 비추어, 이 사건 행위는 형식적·외형적으로 대통령과 경제수석비서관의 일반적 직무권한에 속하는 사항이라고 보았다.

그러면서 법원은 이러한 요구에 따라 현대자동차와 기아자동차가 통상의 입찰절차를 거침이 없이 이례적으로 그 원동기용 흡착제 10억 5,991만 원 상당을 케이디코퍼레이션에 납품한 행위는 **최서원의 사적 부탁을 들어준 것**이므로 직권남용죄가 성립하는 것으로 보았다. 그러나 대통령과 안종범의 위 행위가 최서원의 사적 부탁에 따른 것이라는 점은 직권남용 여부의 판단자료가 될 뿐 그것만으로 직권남용 행위가 인정되는 것은 아니다. 대통령이 최서원의 사적 부탁도 있었지만, 나름대로 우리나라 중소기업 육성에 기여할 수 있겠다는 판단 아래 현대자동차그룹에 이 사건 부탁을 하게 된 것이라면 직권남용 행위로 볼 수 없을 것이기 때문이다.

또한 법원은 대통령이 최서원의 사적 부탁을 들어줌으로써 최서원과 공모하여 직권남용죄를 범한 것이라고 판시하고 있으므로 대통령이 최서원과 직권남용 행위를 '공모'한 것으로 볼 것인지도 직권남용 행위 유무와 관련하여 검토할 필요가 있다. 그밖에도 이 사건 납품에 대통령 등의 강요행위가 없었다면(강요죄는 무죄) 현대자동차그룹이 납품받는 것을 대통령 등이 '의무 없는 일을 하게 한' 것으로 볼 수 있는지, 그것이 직권남용 행위로 인한 것인지 그 인과관계까지 검토할 필요가 있다.

대통령은 "정호성이 최서원의 부탁이라고 하면서 케이디코퍼레이션은 기술이 좋은 우리나라 중소기업인데 외국기업에 눌려서 기술을 펴볼 수가 없다고 하므로 안종범에게 기술력을 활용할 수 있는지 알아보라고 지시했을 뿐이다."라고 하면서 이는 대기업과 중소기업의 상생을 위한 대통령으로서의 정당한 직무수행이었다고 주장하고, 최서원, 안종범 및 정호성의 진술도 이에 부합된다. 또한 최서원은 케이디코퍼레이션의 대표와 그의 처로부터 이 사건 청탁의 대가로 5천만 원이 넘는 금품을 수수하였지만, 대통령은 그러한 금품을 분배받은 적이 없음은 물론 그러한 사실조차 알지 못하고 있었던 것으로 보인다.[71] 그렇다면 대통령은 최서원의 위와 같은 사익추구 사실을 알지 못했던 것이므로 그 행위의 목적에 비추어 볼 때 대통령의 이 사건 납품 부탁을 중소기업제품의 홍보·판매 지원행위를 넘어 대통령에게 그 직권을 부여한 목적에 반하는 직권남용 행위로 평가할 수는 없을 것이다. 이러한 이유로 직권남용 행위가 될 수 없다면 대통령이 최서원의 사적 부탁으로 이 사건 납품부탁을 한 것만으로는 대통령과 최서원이 이 사건 직권남용을 공모한 것으로 볼 수도 없을 것이다. 이러한 점은 안종범에 대하여도 마찬가지로 보아야 할 것이다.

직권남용죄는 미수범 처벌규정이 없으므로 공무원이 직권을 남용하는 행위를 한 것 외에 그로 인하여 상대방으로 하여금 의무 없는 일을 하게 하거나 권리행사를 방해하지 않으면 범죄가 성립하지 않는다. 판례도 "형법 제123조의 죄가 기수에 이르려면 의무 없는 일을 시키는 행위 또는 권리를 방해하는 행위가 있었다는 것만으로는 부족하고, 지금 당장에 피해자의 의무 없는 행위가 이룩된 것 또는 권리방해의 결과가 발생한 것을 필요로 한다"고 판시하고 있다.[72] 또한 직권남용이 인정된다는 이유만으로 상대방이 한 일이 '의무 없는 일'에 해당한다거나 직권남용 행위와 '의무 없는 일을 하게 한' 행위 사이의 인과관계가 인정되는 것은 아니므로 양 행위 및

그 인과관계도 증명되어야 한다.[73)]

직권남용 행위의 상대방이 공무원이 아닌 일반 사인(私人)인 이 사건의 경우 특별한 사정이 없는 한 사인은 공무원의 직권행사에 대응하여 따라야 할 의무는 없다.[74)] 그러므로 일반 사인에게 어떠한 행위를 강요했다면 의무 없는 일을 하게 한 때에 해당할 수 있다. 그러나 이 사건 공소사실이나 하급심 판결에서는 대통령 등이 묵시적 협박으로 현대자동차그룹에 납품받을 것을 강요한 것으로 보았으나 최서원 피고사건의 상고심에서 강요행위는 없었다고 판시하였다. 또한 상대방인 현대자동차그룹이 우리나라의 중소기업 제품을 직접 납품받을 필요가 있다고 판단하고 이 사건 납품을 받은 것이라면 의무 없는 일을 하게 한 행위로 볼 수 없거나 직권남용 행위와 의무 없는 일을 하게 한 행위와의 인과관계를 인정할 수 없게 된다. 이처럼 상대방이 의무 없는 일을 하거나 권리행사를 하지 못한 것이 상대방의 의사에 반하지 않는 경우에는 직권남용 행위에 해당하지도 않는 것으로 보는 견해[75)]도 있다.

만약 현대자동차그룹이 납품받을 필요가 없어서 납품을 받음으로써 손해가 발생함에도 불구하고 이 사건 납품을 받은 것이라면 그 임직원의 회사에 대한 업무상배임죄가 성립할 수 있다. 이 점은 법원이 처음에는 대통령 등의 현대자동차그룹에 대한 강요행위도 성립한다고 보았었기 때문에 문제가 되지 않았지만, 그 후 위와 같이 최종 판결에서 강요죄를 무죄로 보았기 때문에 이 사건 납품받은 행위가 현대자동차나 기아자동차 임직원의 경영상 판단에 따른 것인지, 그 회사들의 손익에 어떠한 영향을 준 것인지도 조사한 다음 직권남용 행위와 '의무 없는 일을 하게 한' 행위와의 인과관계 여부를 판단했어야 했다. 이와 관련된 진술로는 현대자동차 구매담당 부사장이 "이 사건 케이디코퍼레이션 제품은 원동기에 들어가는 부품으로서 원래는 유지·보수업체를 통해 간접적으로 납품받는 것이었는데, 이 사건으로 본사 구매팀에서 직접 납품받게 된 것이다. 부회장이 특정 업체의 제품을 언급하면서 거래할 수 있는지 알아보라는 지시는 상당히 이례적인 지시로서, 특별한 문제가 없으면 납품계약을 체결해 주라는 의미로 받아들였다."고 진술하고 있을 뿐이다.[74] 법원이 이러한 진술 외에 그 직접 납품을 받음으로 인한 회사의 손익에 대한 조사를 함이 없이 이 사건 납품 부탁을 의무 없는 일을 하게 한 행위로 보고 직권남용 행위와 의무 없는 일을 하게 한 행위와의 인과관계 조사도 없이 유죄 선고를 한 것은 직권남용죄의 범죄성립요건에 관한 법리를 오인한 것이다.

결국 이 사건은 대통령의 중소기업 지원 요청에 현대자동차그룹으로서도 특별한 문제가 없어서 호응한 것일 뿐이므로 이를 직권남용죄로 의율한 것은 부당하다고 본다.

다. 공익재단 설립자금 출연요청이 직권남용인가?

대통령은 대기업 그룹 회장들과의 단독면담 당시 문화의 융성과 스포츠 발전이 관광산업과 경제발전을 위해 중요하니 관심을 갖고 적극 지원해 달라고 당부한 것일 뿐, 미르 및 케이스포츠의 재단설립은 대통령의 당부에 공감한 대기업들의 자발적 설립으로 알고 있었다고 주장한다. 당시 경제수석비서관인 안종범, 면담 당사자인 그룹 회장들의 진술 등에 비추어 보면, 대통령이 그룹 회장들에게 위와 같이 말하고 안종범에게 각 재단의 출연규모를 정해 그 재단설립을 지시하였으며, 안종범은 전경련을 통해 해당 대기업들에게 각 재단설립자금을 출연하게 한 사실이 인정된다.

우선 대통령의 이러한 행위가 직권남용죄의 직권남용 행위에 해당하는지 여부에 관하여, 법원 판결은 대통령과 경제수석비서관이 이 사건 재단 설립자금의 출연을 요구한 것은 일반적 직무권한에 속하는 사항에 관하여 그 직권을 남용한 것이라고 판시하였다. 법원은 그 이유로 당시 기업들이 재단설립취지만 간단히 전달받고 출연금액을 일방적으로 통보받았을 뿐 구체적인 사업계획, 소요예산, 운영방향 등에 관한 설명을 듣지 못하였고, 재단의 임원 선정을 포함하여 재단의 운영에 참여할 기회도 제공받지 못했으며, 사업의 타당성이나 출연규모 등에 관하여 충분히 검토할 기회도 없이 대통령 관심사항이라는 점 때문에 급하게 출연 여부를 결정하게 되었던 점을 들고 있다.[75]

그러나 이러한 점들은 기업들의 재단 설립자금 출연이 대통령의 요구에 수동적으로 따른 것이라는 근거는 되지만, 그 출연요구가 위법·부당하여 공무원의 직권을 '남용'한 행위라는 점의 증거가 될 수는 없다. 당시 '문화융성'과 '스포츠 10대 공약'은 대통령의 대표적 정책공약이었으므로[76] 위 각 재단의 설립은 대통령 공약사항의 이행을 위한 것이다. 또한 법령에 따르면 국가는 문화 및 스포츠 산업의 진흥을 위하여 재원 확보에 관한 사항을 포함한 시책을 마련할 의무가 있고 그 시책의 시행을 위해 민간 기업이나 개인에게 필요한 협조를 구할 수 있음은 같은 법원 판결에서도 인정하고 있기 때문이다. 그리고 법원 판결은 최서원이 각 재단의 임원선임 등 재단의 운영과 사업을 실질적으로 좌우하였고 대통령도 이를 허용하였던 점을 직권남용의 증거로 들고 있는데,[77] 비영리재단이란 독립된 법인이므로 반드시 재단 설립자금을 출연한 자가 재단의 임원선임 등 재단의 운영과 사업에 관여해야 하는 것은 아니므로 그러한 사실만으로 공무원이 직권을 남용한 점까지 인정할 수 있는 것은 아니다.

다만, 위 각 재단의 설립목적이 형식적으로는 문화의 융성 또는 스포츠의 발전을 표방하지만 실제로는 최서원의 사익추구 목적이고 대통령도 사전에 그 사실을 알면서 이를 도우려 했던 경우라면, 대통령의 이 사건 출연요구는 그 직권이 부여된 목적에 따라 이루어진 행위가 아니라는 점에서 부당하므로 직권남용에 해당할 수 있을 것이다. 최서원은 그 후 미르의 사업파트너로 광고회사 플레이그라운드를, 케이스포츠의 사업파트너로 스포츠관리회사 더블루케이를 각 실질적으로 설립·운영하여 미르나 케이스포츠로부터 용역을 수주받아 수익을 창출함으로써[78] 사익추구에 이용하려 한 것으로 보인다. 그러나 대통령이 이 사건 각 재단 설립 당시 이러한 최서원의 사익추구 사실을 알았는지 여부에 관하여는 법원 판결에 아무런 언급이 없다. 대통령이 이 사건 당시 최서원의 사익추구 목적을 알고 이를 도우려 했다는 점이 증명되지 않는다면 이 사건 각 재단 설립자금 출연요구가 문화의 융성이나 스포츠의 발전이라는 공익목적을 넘어서는 위법·부당한 직권행사인 직권남용 행위라고 평가할 수는 없을 것이다. 그뿐만 아니라 직권남용 행위가 아니라면 대통령에게 이 사건 직권남용 행위에 대한 고의나 최서원과의 이 사건 직권남용 공모사실도 인정할 수 없게 될 것이다. 이러한 점은 안종범에 대하여도 마찬가지이다.

따라서 법원이 이 사건 각 재단 설립자금 출연요구를 직권남용 행위로 본 것은 직권남용죄의 직권남용에 관한 법리를 오인한 것이다.

또한 대통령의 부탁으로 각 재단의 설립 및 운영에 최서원이 관여한 점 외에는 달리 이 사건 직권남용 공모의 점을 인정할 증거가 없음에도 불구하고,[79] 대통령을 최서원과 공모한 것으로 보아 유죄 선고를 한 것은 범죄사실 인정에 합리적 의심이 없는 정도의 증명을 요구하는 증거법칙(형사소송법 제307조 제2항)에도 위배된다.

라. GKL에 대한 장애인 펜싱팀 창단 및 운영위탁 요구의 쟁점

이 사건 계약체결 과정을 보면,[80] 처음에 최서원은 정호성과 상의하여 스포츠팀 창단을 지원해 줄 공기업으로 GKL을 선정한 다음 정호성을 통하여 대통령에게 부탁한 것이다. 이에 대통령은 2016년 1월 23일 안종범에게 'GKL이 스포츠단을 설립하는데 컨설팅할 기업으로 더블루케이가 있으니 GKL에 소개해 주라'고 말했을 뿐이다. 당시 대통령은 더블루케이가 최서원이 실질적으로 설립·운영하는 회사인 사실은 알지 못하였다고 주장한다. 대통령의 이러한 지시에 따라 안종범은 GKL 대표이사 이기우에게 '스포츠팀을 창단해서 스포츠 매니지먼트 회사인 더블루케이와 같이 운영해 보라'고 말하면서 더블루케이 대표이사 조성민을 소개하였다. 이에 GKL 대표이사는 더블루케이와 교섭을 진행하였으나 더블루케이가 배드민턴 및 펜싱 선수단의 창단과 그 창단·운영 관련 매년 80억 원 상당 소요되는 업무대행 용역계약의 체결을 제의하자 경제적 부담이 크다는 이유로 이를 거절하였다.

그 소식을 들은 최서원은 이번에는 대통령이 아니라 문체부 제2차관 김종에게 'GKL이 배드민턴과 펜싱 선수단을 창단하고 더블루케이를 도와줄 것'을 요청했다. 김종 문체부 제2차관은 최서원의 추천으로 차관으로 임명된 자로서(앞의 2장 2 ②항) 케이스포츠 설립 이후 케이스포츠 사무총장 정현식을 소개받았고, 그 후 최서원의 요구에 따라 최서원에게 정부의 체육 관련 각종 정책을 알려줌과 동시에 그와 관련된 문건을 전달해 온 관계였다.[81] 최서원의 요청을 받고 김종은 2016년 2월 25일 그 선수단 규모를 현저히 줄이는 안을 제시하는 등의 조정안을 제시하고, 같은 해 5월경 이기우 대표이사의 요청에 따라 전문 스포츠대리인(Agent)제도를 활성화할 방침이라는 내용의 문체부 공문까지 GKL에 발송하는 등 적극적인 교섭을 함으로써[82] GKL은 장애인 펜싱팀을 창단하고 더블루케이는 그 펜싱팀 소속 선수 3명의 에이전트를 맡기로 하는 GKL, 선수 및 더블루케이 3자 간 이 사건 에이전트계약을 체결하였다. 이 계약에 따라 GKL은 소속 선수 3명에게 전속계약금 합계 6,000만 원을 지급하고 더블루케이는 선수들로부터 에이전트 비용으로 그 중 3,000만 원을 교부받았다.

이 사안에 대하여 법원은 대통령, 최서원, 안종범 및 김종이 공모하여 직권남용죄를 범한 것으로 보았다. 그러나 형법 제30조의 공동정범은 공동가공의 의사와 그 공동의사에 의한 기능적 행위지배를 통한 범죄실행이라는 주관적·객관적 요건을 모두 충족해야 성립한다(통설·판례).[83] 특히 범죄실행행위를 직접 분담하지 않은 공모자가 공모공동정범으로 인정되기 위해서는 전체 범죄에 있어서 그가 차지하는 지위·역할이나 범죄경과에 대한 지배 내지 장악력 등을 종합하여 단순한 공모자가 아니라 범죄에 대한 본질적 기여를 통한 기능적 행위지배가 있어야 하는데,[84] 대통령 및 안종범에게 이러한 공모공동정범의 요건을 충족하는지가 문제된다.

최서원은 처음에는 대통령을 이용하여 80억 원 규모의 배드민턴 및 펜싱 선수단의 창단과 그 창단·운영 업무대행계약(1차 계약)을 체결하려 하였으나 거절당함으로써 실패하였고, 그 다음에는 문체부 제2차관의 적극적인 지원 아래 1차 계약보다 규모도 현저히 작고 계약내용도 상이한 이 사건 장애인 펜싱 선수단 창단 및 선수 에이전트 3자 계약(2차 계약)을 체결한 것이다. 그러므로 가사 이 사건 직권남용죄가 성립한다 하더라도 대통령 및 안종범은 1차 계약에 관한 직권남용죄의 공범이 될 수 있을 뿐인데, 직권남용죄는 미수범 처벌

규정이 없으므로 1차 계약체결이 거절되어 미수에 그친 것은 무죄로 보아야 할 것이다.

그리고 이 사건 2차 계약에 관한 직권남용죄는 범죄가 성립하더라도 그 행위주체는 최서원과 김종을 공범으로 의율할 수 있을 뿐이다. 특히 대통령과 안종범은 단순히 스포츠단 창단·운영에 관한 업무대행계약의 체결을 위하여 GKL에 더블루케이를 소개해 준 것일 뿐이고, 그것이 거절된 사실이나 거절이유도 알지 못하였으며, 그 후의 조정안 내용과 새로운 2차 계약의 추진과정에 관여한 증거가 없음에도 불구하고 이 사건 2차 계약체결에 관한 공동가공의 의사와 그 공동의사에 의한 기능적 행위지배가 있었다고 보고 최서원, 김종과 공모공동정범으로 의율함은 증거 없이 공모관계를 인정한 셈이 되어 증거법칙에 위배된다.

법원은 이 사건 2차 계약 체결이 직권남용 행위에 따른 것으로 보고, 그 직권남용 행위의 근거로 GKL과 더블루케이 사이의 에이전트계약 체결과정에서 보인 안종범과 김종의 언행(즉, 대통령의 지시에 따라 안종범이 계약체결을 위하여 GKL에 더블루케이를 소개한 점, 처음에 GKL이 더블루케이로부터 제의받은 80억 원 상당의 스포츠팀 창단과 창단·운영 업무대행계약에 부담을 느끼고 거절하자 김종이 이를 조정하여 비용이 현저히 적게 드는 장애인 펜싱팀의 창단 및 그 소속 선수 3명의 에이전트계약을 체결하게 된 점),

대통령과 안종범은 이 사건 당시 설립된 지 열흘 남짓 된 더블루케이가 어떤 회사이고 실제로 계약수행 역량이 있는지 등에 대해 확인해 보지 않은 채 정부의 관리·감독을 받는 공기업(GKL) 대표이사에게 그 계약체결을 일방적으로 요청한 점, 대통령이 그 계약 체결을 요청한 것은 실제로 더블루케이를 설립·운영하는 최서원의 사적 부탁에 의한 것이라는 점을 들고 있다. 그런데 이러한 점들은 대통령이 최서원의 사적 부탁을 받고 GKL에 더블루케이와의 계약체결을 권고하거나 협조요청하게 되었다는 사실의 증거는 될 수 있지만(강요죄는 무죄선고 되어 이 사건 계약체결에 강요행위는 없었음이 확인되었으므로 피고인의 요구는 단순한 부탁이나 권고 또는 협조요청 정도로 평가해야 할 것임), 대통령이 더블루케이의 실질적 운영주가 최서원인 사실이나 이 사건 계약체결에 따르는 최서원의 사익추구 사실까지 인지하였다는 사실의 증거가 될 수는 없다. 김종의 언행을 대통령이나 안종범의 직권남용 행위의 근거로 보는 것이 부당함은 앞에서 본 바와 같다. 아직 「부정청탁 및 금품 등 수수의 금지에 관한 법률」이 시행되기 전인 이 사건 당시[85] 대통령의 위와 같은 요청이 부정청탁 행위로 규제되는 것도 아니다. 따라서 대통령이 최서원의 사익추구 사실을 알지 못한 채 공기업체에 스포츠팀의 창단을 요청하거나 최서원이 추천하는 스포츠관리 중소기업을 공기업체에 소개하여 계약체결을 권고하거나 협조요청하는 행위를 위법·부당한 권한행사로 보아 직권남용 행위로 보는 것은 직권남용죄의 법리를 오인한 것이다.

마. 롯데그룹에 대한 체육시설건립자금 지원 요구의 쟁점

(1) 제3자뇌물수수죄의 법리

직권남용죄 중 해당 법리는 앞의 나. (1)항에서 설명하였으므로 이곳에서는 제3자뇌물죄의 해당 법리를 설명한다.

판례는 뇌물죄의 보호법익을 '직무집행의 공정과 이에 대한 사회의 신뢰'로 보거나 여기에 '직무수행의 불가매수성'을 추가하기도 한다.[86] 뇌물죄 중 제3자뇌물수수죄란 공무원(또는 중재인)이 그 직무에 관하여 부정한 청탁을 받고 제3자에게 뇌물을 제공하게 한 경우에 성립하는 범죄이다(형법 제130조). 공무원 자신이 뇌물을 받는 경우가 아니므로 공무원 직무와의 대가관계를 명확히 함으로써 처벌범위를 명확히 하기 위해서 공무원 자신이 뇌물을 받는 뇌물수수죄와는 달리 '부정한 청탁'을 요건으로 추가하고 있는 것이다(판례).[87]

이 중 '**청탁**'이란 공무원에 대하여 일정한 직무집행을 하거나 하지 않을 것을 의뢰하는 행위이고, '부정한 청탁'이란 의뢰한 직무집행 자체가 위법하거나 사회상규나 신의성실원칙에 위배되어 부당한 경우이거나, 공무원의 직무집행 자체가 위법·부당한 것은 아니지만 당해 직무집행을 어떤 대가관계와 연결시켜 그 직무집행에 관한 대가의 교부를 내용으로 하는 경우를 말한다(판례).[88] 판례가 이처럼 직무집행과의 대가관계만 있더라도 부정청탁을 인정하는 것은 '직무수행의 불가매수성'이라는 뇌물죄의 보호법익을 감안한 것으로 보인다.

'청탁'은 묵시적 의사표시로도 할 수 있으나, 위와 같이 부정한 청탁 요건을 둔 입법취지에 비추어 볼 때 묵시적 의사표시에 의한 부정청탁이 있다고 하려면, 당사자 사이에 청탁 대상이 되는 직무집행의 내용과 제3자에게 제공되는 금품 등 이익이 그 직무집행의 대가라는 점에 대한 공통의 인식이나 양해가 존재해야 한다(판례).[89] 그러한 인식이나 양해 없이 막연히 선처하여 줄 것이라는 기대에 의하거나 직무집행과는 무관한 다른 동기에 의하여 제3자에게 금품을 공여한 경우에는 묵시적인 의사표시에 의한 부정한 청탁이 있다고 할 수 없다(판례).[90]

(2) 제3자뇌물수수죄에 관한 사안 검토

이 사건의 경우 제3자뇌물수수죄의 요건 중 부정한 청탁이 있었는지가 문제인데, 당사자 간에 명시적인 청탁은 없었으므로 묵시적인 부정청탁이 있었다고 볼 것인지가 문제된다.

또한 청탁 대상인 면세점 특허 관련 대통령의 직무수행이 위법하거나 부당한 경우가 아니므로 케이스포츠에 대한 송금이 그 직무수행의 대가인지, 그 대가관계에 관하여 당사자 간 공통의 인식이나 양해가 존재한다고 볼 것인지가 문제된다.

2016년 3월 14일 이 사건 단독면담 당시 대통령은 롯데그룹 신동빈 회장에게 '스포츠산업 전반에 대해 그룹 차원에서 관심을 갖고 계속 지원해 주었으면 좋겠다'는 말만 했을 뿐 케이스포츠의 사업을 지원해 달라는 구체적인 말을 한 것이 아님은 단독면담 당사자들의 진술이 일치하고 있다. 그런데 법원은 ① 위 단독면담 직후 롯데그룹 측이 케이스포츠에 먼저 연락한 점에 비추어 그 단독면담 직후 신동빈 회장이 케이스포츠의 사업제안을 챙겨보라는 지시를 한 것으로 볼 수 있고, 나아가 그 단독면담 당시 대통령과 신동빈 회장 사이에 월드타워 면세점특허 문제에 관한 대화가 있었다고 볼 수 있는 점, ② 당시 월드타워 면세점특허 재취득 현안에 관하여 대통령과 신동빈 회장 사이에 공통의 인식이 있었던 점, ③ 롯데그룹 측은 월드타워 면세점의 특허 재승인 심사 탈락에 따르는 고용문제와 영업 연속성 문제, 호텔롯데의 상장 등의 문제로 청와대 등 내부방침에서 정해진 일정 또는 이보다 크게 지연되지 않는 범위 내에서 서울 시내 면세점 신규특허 발급절차를 진행할 필요가 있었고, 당시 대통령 등 청와대도 그러한 사정을 알고 있었던 점에 비추어, 대통령과 신동빈 회장 사이에 청와대 등 내부방침에 따른 절차대로 진행하는 것을 포함하는 '신규특허 방안'의 조속한 추진과 '월드타워 면세점의 특허 재취득'에 대한 부정한 청탁이 묵시적으로 이루어진 것으로 보았다.[91] 즉, 이 사건 당시 롯데그룹이 케이스포츠에 지급한 70억 원은 롯데그룹의 월드타워 면세점 신규특허 취득에 관한 대통령 직무집행의 대가이고, 그 대가관계에 관해 대통령과 롯데그룹 신동빈 회장 사이에 공통의 인식이나 양해가 있었다고 보았다.

그러나 앞 ① 기재와 같이 이 사건 단독면담 당시 대통령과 신동빈 회장 사이에 월드타워 면세점특허 문제에 관한 대화가 있었다고 본 법원의 판단은 수긍하기 어렵다. 신동빈 회장은 이 사건 단독면담 직후 롯데그룹 부회장 이인원(2016. 8. 사망)에게 '앞으로 청와대에서 연락이 올지 모르니 살펴보라'고만 지시했다고 진술하고 있다. 이러한 진술은 단독면담 당시 대통령이 구체적으로 케이스포츠 사업에 대한 자금지원을 요청했고 그 후에도 안종범에게 그 자금지원 상황을 확인할 것을 지시했다고 하는 안종범의 진술이나 법원의 사실인정과는 거리가 있다. 그러나 법원은 이러한 안종범의 진술, 롯데그룹 이석환 상무의 "위 단독면담 직후 이인원이 '케이스포츠로부터 연락이 올 것이다. 사업을 제안하려고 하는(듯한)데 잘 챙겨봤으면 좋겠다'고 말하며 정현식(케이스포츠 사무총장)의 이름과 연락처를 메모지에 적어서 주었다."는 진술에 비추어 신동빈 회장은 이인원 부회장에게 정현식의 연락처를 알려주며 '케이스포츠의 사업제안을 챙겨보라'고 지시하면서 정현식의 연락처도 전달했던 것으로 추론하고, 대통령이 이 사건 단독면담 당시 케이스포츠의 사업지원 문제를 언급하였을 것으로 판단하였다.[92] 그러나 안종범은 케이스포츠의 재단설립 당시 전경련에 그 설립을 요청한 이래 그 임원진 구성에도 관여하여 이미 정현식의 연락처를 알고 있었다.[93] 그러므로 당시 안종범이 이인원 부회장에게 정현식의 연락처를 알려주면서 케이스포츠의 사업제안에 관한 언급을 하였을 가능성 등 다른 상황도 얼마든지 있을 수 있으므로, 대통령과 신동빈 회장의 진술을 허위로 속단한 것은 논리칙에 반하는 무리한 사실인정이다.

또한 최서원 피고사건의 재판부는 대통령의 '롯데그룹 말씀자료'와 신동빈 측이 사전에 작성하는 '미팅자료'의 내용을 근거로 이 사건 단독면담 당시 대통령이 월드타워 면세점특허 문제에 관한 언급도 한 것으로 추론하였으나,[94] 이는 성급한 추측이다. 이에 대해 대통령 피고사건의 1심 판결 재판부도 대통령이 이 사건 단독면담 당시 케이스포츠의 사업지원 문제만 언급한 것으로 추론하였을 뿐이고, 당시 대통령이 사전에 보고받은 '롯데그룹 말씀자료'의 내용을 그대로 말하였다고 단정할 수 없음을 이유로 그 자료에 기재된 월드타워 면세점특허 문제에

관한 언급이 있었던 것으로 볼 수는 없다고 판단하고 있다.[95)]

따라서 이 사건 단독면담 당시 대통령과 신동빈 회장 사이에 월드타워 면세점특허 문제에 관한 대화가 있었다는 법원 판단은 충분한 증거 없이 함부로 사실을 인정한 것이다.

나아가 가사 앞 ① 기재와 같이 이 사건 단독면담 당시 대통령과 신동빈 회장 사이에 월드타워 면세점특허 문제에 관한 대화가 있었다거나, 앞 ② 기재와 같이 월드타워 면세점특허 재취득 현안에 관하여 대통령과 신동빈 회장 사이에 공통된 문제점 인식이 있었다고 하더라도, 그것은 월드타워 면세점특허 재취득 현안에 관한 대통령의 직무수행과 케이스포츠 사업지원이 대가관계에 있는 것으로 볼 근거가 되지 못한다. 후술하는 것처럼 월드타워 면세점특허 재취득 현안에 관한 대통령의 직무수행 자체가 위법·부당한 것이 아님은 물론 대통령으로서 마땅히 수행해야 할 일이었으므로, 케이스포츠 사업지원을 대가로 걸어야 할 일이 아니기 때문이다.

그리고 앞 ③ 기재 필요성을 묵시적 부정청탁의 근거로 내세우는 법원 판결은 다음과 같은 이유로 부당하다. 2015년 11월경 롯데그룹의 월드타워 면세점과 SK그룹의 워커힐 면세점이 특허재승인 심사에서 탈락하자, 당시 국내에서는 이처럼 경쟁력 있는 기존 면세점의 폐점에 따르는 투자 낭비, 고용문제 야기 및 국내관광의 위축 우려 등의 문제를 제기하는 비판 여론이 비등하였다.[96] 그리하여 이 문제는 국가경제를 위해서도 시급히 해결해야 할 현안이 되어 대통령은 이미 2016년 1월 초순경 안종범에게 시내면세점 신규특허의 추가 발급을 신속히 검토하라고 지시했고, 그 지시에 따라 청와대는 2016년 1월 하순경 기획재정부 관세제도과장에게 같은 해 3월 안에 이러한 면세점 제도개선 대책을 반드시 시행할 수 있도록 추진하라는 지시를 하였다.[97] 관세청도 시내면세점 특허를 추가하는 방안을 신속히 검토하라는 청와대의 지시에 따라 2016년 2월 18일 안종범에게 시내면세점 추가 등 시내면세점 제도개선 방안을 같은 해 3월에 확정·발표할 예정이고, 신속한 사업자 선정을 위해 특허심사 일정을 2개월에서 1개월로 단축하여 같은 해 9월 말까지 사업자선정을 완료하겠다는 내용을 담은 주요 현안보고까지 하였으며, 롯데그룹 측도 그 사실을 알고 있었다.[98] 시내면세점이 추가 설치되면 국내 면세점 시장점유율 50%로 매출액 1위인 롯데면세점이 우세할 것으로 예측되는 상황이었다.[99] 그러므로 대통령이 재계의 미르 및 케이스포츠 설립자금 지원에 대한 감사를 표하는 자리인 2016년 3월 14일자 이 사건 단독면담 당시, 롯데그룹 신동빈 회장이 재계의 애로사항을 개진하는 것을 넘어 대통령에게 롯데그룹의 면세점 신규특허 취득에 관한 구체적인 청탁을 할 필요가 없었다. 따라서 그러한 필요가 있었음을 전제로 이와 관련된 대통령의 직무수행과 이 사건 케이스포츠 사업지원의 대가관계를 인정하고 묵시적 부정청탁이 있었다고 판단한 법원 판결은 논리칙 및 경험칙에 반하는 증명력 판단이어서 부당하다.

케이스포츠는 이 사건 70억 원을 롯데그룹으로부터 같은 해 5월 25일부터 5월 31일까지 사이에 송금받았으나, 대통령의 지시에 따라 같은 해 6월 9일부터 6월 13일까지 위 70억 원 전액을 롯데그룹에 반환하였다. 그 반환경위에 관하여, 대통령은 롯데그룹이 케이스포츠 사업에 70억 원을 지원하기로 한 사실을 모르고 있다가 안종범이 그 지원중단을 건의하였을 때 비로소 그러한 사실을 알게 되었다는 취지로 진술하였다.[100] 이에 대하여 안종범은 케이스포츠에 대한 롯데그룹의 설립자금 외의 추가지원이 부적절하다고 판단하여 자신이 대통령에게 그 지원금 반환을 건의하였다고 진술하고 있다.[101] 그러나 롯데그룹에 대해 위 사업지원을 요청할 당시부터 그 사실을 알고 있었던 안종범이 뒤늦게 지원 자체를 부적절하다고 판단하였다는 것은 논리칙 및 경험칙에 비추어 납득하기 어렵다. 대통령은 그 지원금액이 거액(롯데그룹은 미르의 재단설립 시 28억 원, 케이스포츠의 재단설립 시 17억 원의 설립자금 출연)임을 뒤늦게 알고 반환을 지시하였을 것으로 보이는데, 이 점에 관한 조사는 불충분했던 것으로 보인다.

이 사건 후 관세청은 위 시내면세점 제도개선방안의 연

장선에서 2016년 4월 29일 서울에 4개의 시내면세점을 추가 설치한다는 계획을 발표하였고, 같은 해 6월 3일 그 신규특허 신청 공고를 하였으며, 롯데그룹은 그 신청절차를 거쳐 면세점 신규특허를 같은 해 12월 17일 취득하였다.[102)]

위와 같이 롯데그룹의 송금 후 불과 10여일 만에 청와대의 지시에 따라 반환이 이루어진 점이나 반환 후에도 면세점 신규특허 발급절차는 차질 없이 진행된 점, 이 사건 자금지원이 기업의 공익활동에 속한다는 점 등에 비추어 보더라도, 롯데그룹이 케이스포츠에 지급한 70억 원을 롯데그룹의 월드타워 면세점 신규특허 취득과 관련한 대통령 직무수행의 대가로 보거나, 그에 관한 대통령과 롯데그룹 회장 사이에 공통의 인식이나 양해가 있었다고 보는 것은 납득하기 어렵다.

(3) 직권남용죄에 관한 사안 검토

법원 판결에 따르면 관계법령상 국가는 문화 및 스포츠 산업의 진흥을 위하여 재원 확보에 관한 사항을 포함한 시책을 마련할 의무가 있고 그 시책의 시행을 위해 민간 기업이나 개인에게 필요한 협조를 구할 수 있다. 그러므로 대통령이 롯데그룹 신동빈 회장에게 스포츠 공익재단인 케이스포츠의 하남 체육시설 건립의 자금지원을 요구한 것은 대통령의 일반적 직무권한에 속하는 사항이다.

법원은 대통령이 롯데그룹에 케이스포츠의 하남 거점 체육시설 건립자금 지원을 요청한 것은 대통령의 직권을 남용한 것이라고 하면서, 그 이유로 롯데그룹의 그 자금지원이 비자발적이라는 점, 대통령이 신동빈 회장에게 그 자금지원을 요청한 것이 최서원의 개인적 요청에 의한 것인 점을 들고 있다. 그러나 그 자금지원이 강요에 의한 것이 아닌 한 대통령의 요청에 따라 비자발적으로 이루어진 것이라거나, 대통령이 최서원의 요청에 따라 신동빈 회장에게 자금지원을 요청했다는 것만으로는 공익재단을 위해 공익목적의 자금지원을 요청하는 것을 위법하거나 부당하다고 평가할 근거는 될 수 없을 것이다.

다만, 그 자금지원이 공익목적을 표방하지만 실질적으로는 최서원의 사익추구를 돕기 위한 목적이고 대통령도 사전에 그 사실을 알았던 경우라면, 대통령의 직무행위가 그 직권을 부여한 목적에 따라 이루어진 것으로 볼 수 없으므로 직권남용 행위에 해당할 수 있을 것이다.

케이스포츠는 기업 등으로부터 자금을 지원받아 전국 5대 거점 지역에 체육인재를 양성하는 체육시설을 건립하는 사업을 추진하였고 이 사건 하남 거점 체육시설 건립도 그 사업의 일환이었다. 그 시설 건립은 스위스의 스포츠시설 전문 건설회사인 누슬리(Nussli)사의 국내 영업권을 보유한 더블루케이와 협력하여 추진할 계획이었는데, 더블루케이는 그 에이전트 수수료 상당의 이익을 취할 수 있었다. 당시 2016년 3월 8일 더블루케이와 누슬리 양 회사는 '누슬리 사는 더블루케이가 소개한 사업을 진행하는 경우 총 공사금액의 5% 상당 에이전트 수수료를 더블루케이에 지급한다'는 내용의 계약을 체결하였다.[103)]

이 점에 관하여 법원은 '대통령이 직접 또는 안종범을 통해 GKL, 포스코 등 기업에 스포츠팀 창단을 요구하면서 더블루케이와의 에이전트계약 체결도 요구하는 등 더블루케이를 지속적으로 챙긴 점', '대통령과 최서원의 관계'에 비추어 대통령은 더블루케이가 최서원이 설립하여 운영하거나 적어도 최서원과 직접 관련 있는 회사임을 잘 알면서 위와 같이 롯데그룹 신동빈 회장에게 자금지원을 요청한 것이라고 판시하고 있다.[104)]

그러나 최서원은 더블루케이의 주식을 차명으로 소유하고 제3자를 그 대표이사로 두어 운영하고 있었으므로, 설립된 지 얼마 되지 않은 더블루케이의 실질적 운영자가 최서원인 사실을 대통령이 파악하고 있었다고 보기는 어렵다. 대통령이 이 사건 당시 최서원의 더블루케이를 통한 사익추구 사실을 인식하고 있었는지는 직권남용 요건의 증명 문제로서 이 점에 관해 엄격한 증거에 의한, 합리적 의심이 없는 정도의 증명(형사소송법 제307조 제2항)이 필요하다. 대통령이 자신이 신뢰하는 최서원이 추천하는 더블루케이를 유망한 스포츠관리 중소기업으로 알고 지속적으로 챙긴 점만으로 최서원이 실질적으로 더블루케이를 설립·운영하면서 더블루케이를 통해 사익추구를 하는 관계에 있는 사실까지 대통령이 인식하고 있었다고 보는 것은 증거법칙에 위배되는 증거가치의 판단이다.

바. 탄핵의 쟁점 정리

(1) 탄핵사유의 부당성

헌법 제65조는 대통령이 '그 직무집행에 있어서 헌법이나 법률을 위배한 때'를 탄핵사유로 규정하고 있지만, 헌법재판소는 "대통령의 법 위배행위가 헌법질서에 미치는 부정적 영향과 해악이 중대하여 대통령을 파면함으로써 얻는 헌법 수호의 이익이 대통령 파면에 따르는 국가적 손실을 압도할 정도로 커야 한다. 즉, 대통령의 파면을 정당화할 수 있을 정도로 중대한 헌법이나 법률 위배가 있어야 하는데, 그 중대성 판단의 기준은 파면결정을 통하여 손상된 헌법질서를 회복하는 것이 요청될 정도로 대통령의 법 위배행위가 헌법 수호의 관점에서 중대한 의미를 가지는 경우에 비로소 파면결정이 정당화된다. 또 대통령에게 부여한 국민의 신임을 임기 중에 박탈해야 할 정도로 대통령이 법 위배행위를 통하여 국민의 신임을 배반한 경우에 한하여 대통령에 대한 탄핵사유가 존재

한다."고 판시하고 있다.[105)]

원래 국회의 이 사건 탄핵소추사유는 '형사법위반 및 그로 인한 국민주권주의·법치주의 침해, 기업의 재산권 침해 등 헌법·법률위반과, 언론의 자유 침해, 세월호 참사 관련 생명권 보호의무 위반'이었다.[106)] 그러나 헌법재판소는 위 탄핵소추사유 중 언론의 자유 침해는 그 침해사실을 인정할 수 없고, 생명권 보호의무 위반은 대통령의 의무위반이 인정되지 않는다고 판단하였다. 나머지 탄핵소추사유 중 중요한 헌법·법률위반으로 볼 만한 사유는 뇌물죄, 직권남용죄, 강요죄 및 공무상비밀누설죄의 형사법위반이라 할 수 있다. 만약 대통령의 이들 범죄가 무죄로 판명되면 중대한 헌법·법률위반이 있다고 볼 수도 없기 때문이다.

그런데 헌법재판소가 탄핵사유로 삼은 위 형사법위반 사건 중 상당 부분은 그 후 법원 재판에서 무죄로 선고되었다. 즉, 47개의 문건 중 33건에 관한 공무상비밀누설죄, 현대자동차그룹에 대한 케이디코퍼레이션 납품 알선 강요죄, 미르 및 케이스포츠 재단 설립자금 출연의 제3자뇌물수수죄 및 강요죄, KT에 대한 홍보 담당 임직원 채용 요구 및 광고 발주 요구 직권남용죄 및 강요죄, 현대자동차그룹에 대한 광고제작 발주 요구 직권남용죄 및 강요죄, GKL에 대한 장애인 펜싱팀 창단 및 운영위탁 요구 강요죄, 포스코그룹에 대한 펜싱팀 창단 및 운영위탁 요구 직권남용죄 및 강요죄, 롯데그룹에 대한 체육시설 건립자금 지원 요구 강요죄는 모두 무죄로 선고되었다.

탄핵사건 중 유죄로 확정된 사안은 다음과 같다.

① 대통령이 대통령비서실 부속비서관 정호성에게 최서원의 의견을 들어보라는 포괄적 지시를 함에 따라, 정호성이 총 14개의 문건을 최서원에게 이메일 또는 인편으로 전달한 공무상비밀누설죄 사안이다.

② 대통령이 최서원, 안종범 등과 공모하여 범하였다는 직권남용죄, 즉 ⅰ) 현대자동차그룹으로 하여금 최서원의 지인이 운영하는 케이디코퍼레이션으로부터 10억 5,991만 원 상당의 원동기용 흡착제를 납품받게 한 사안, ⅱ) 전경련을 통해 16개 대기업 그룹들로 하여금 합계 486억 원을 출연하여 문화사업 재단 미르를, 15개 대기업 그룹들로 하여금 합계 288억 원을 출연하여 체육사업 재단 케이스포츠를 각 설립하게 한 사안, ⅲ) GKL로 하여금 장애인 펜싱팀을 창단하게 하고, 그 펜싱팀 소속 선수 3명의 에이전트를 최서원이 실질적으로 설립·운영하고 있는 더블루케이가 맡도록 함으로써 3천만 원의 수익을 올리게 한 사안이다.

③ 대통령이 최서원과 공모하여 롯데그룹의 월드타워 면세점 특허 신규취득 청탁을 받고 그 대가로 롯데그룹으로 하여

금 케이스포츠에 하남 거점 체육시설 건립자금 70억 원을 지원하게 한 제3자뇌물수수죄 및 직권남용죄 사안이다.

그런데 앞 ① 기재 사안은 대상 문건이 법령에 의해 비밀로 분류된 것이 아니므로 통설에 따르면 공무상비밀누설죄의 객체가 될 수 없고, 그 문건 중에는 그 내용이 미리 공개되는 경우 국가기능을 위협하는 결과를 초래하게 되어 실질적으로 비밀로 보호할 가치가 있다고 보기는 어려운 문건들도 포함되어 있다.

또한 그 문건들이 '비밀' 문건에 해당한다고 하더라도 대통령이 자신의 국정수행에 조언을 구하기 위해 신뢰할 수 있다고 여기는 조력자에게 문건을 보낸 것일 뿐이므로 그 문건의 송부만으로는 대통령의 국정수행이라는 국가기능에 지장을 줄 위험이 있는 '누설' 행위로 볼 수 없거나 누설의 고의를 인정할 수 없다.

앞 ② 기재 사안과 ③ 기재 사안 중 직권남용죄의 경우에는 대통령이 최서원의 사익추구를 알면서 그 지원행위를 하였을 때 비로소 직권부여의 목적에 위배되는 직권남용 행위를 인정할 수 있을 텐데, 법원은 그 증명이 없거나 증명 여부를 거론함도 없이 직권남용 행위를 인정함으로써 직권남용죄의 직권남용에 관한 해석을 그르친 것이다. 그밖에도 앞 ②의

i) 기재 사안은 현대자동차그룹이 이 사건 납품을 받은 것이 의무 없는 일을 한 것인지, 직권남용과의 인과관계가 있는지를 조사하지 않은 심리미진도 있었다. 또한 앞 ②의 iii) 기재 사안은 대통령이 관여한 1차 계약 체결 요구에 대해 GKL이 이를 거절하였고, 그 후 새로운 이 사건 2차 계약 체결에는 대통령이나 안종범이 관여한 증거가 없음에도 대통령과 안종범을 그 공범으로 의율한 것도 증거법칙을 위반한 것이다.

앞 ③ 기재 사안 중 제3자뇌물수수죄 부분에서 롯데그룹의 묵시적 부정청탁을 인정하여 대통령의 제3자뇌물수수죄를 인정한 것은 부당하다. 즉, 롯데그룹 신동빈 회장이 대통령과 이 사건 단독면담을 할 당시에는 이미 정부방침이 정해져 있어 롯데그룹이 면세점 신규특허 취득에 관한 청탁을 할 필요가 없었다. 그러므로 그러한 필요가 있었음을 전제로 그에 관한 대통령 직무와 위 사업지원의 대가관계를 인정하고 묵시적 부정청탁이 있었다고 본 것은 잘못이다.

따라서 탄핵사건 중 법원의 재판 결과 유죄로 확정된 사안들도 모두 유죄로 보기 어렵다.

헌법재판소의 대통령에 대한 이 사건 파면 탄핵결정 이유는 대통령이 그 지위를 이용한 '구속력 있는 행위'(즉, 강요행위)로, 기업에 공익재단 설립 등 공익 명목 아래 거액의 출연이나 계약체결을 요구하고 최서원이 추천하는 사람의 채용을 요구하여 최서원의 사익추구를 도왔다는 사실을 전제하고 있다. 그러한 사실을 전제로 이는 기업의 **재산권**(헌법 제23조 제 1항)과 **경영의 자유**(헌법 제15조)를 침해하고 대통령의 **공익실현의무**(헌법 제7조 제1항 및 국가공무원법 제59조 등)를 중대하게 위배했다는 점이 주요 탄핵결정이유이다. 즉, 대통령이 구속력 있는 행위 즉 강요행위를 하였는지 및 최서원의 사익추구 사실을 알고 이를 지원한 것인지 여부가 탄핵사유의 핵심적 요소라 할 수 있다.

그러나 위와 같은 대통령의 기업에 대한 '구속력 있는 행위'는 강요죄로 기소되었지만, 기업에 대한 '구속력 있는 행위', 즉 협박 사실이 인정되지 않아 강요죄는 모두 무죄로 선고되었다. 대통령의 기업에 대한 공익활동 요청이 강요행위가 아니라면 기업체에 대한 권고나 협조요청에 불과하여 불법행위로 볼 수도 없을 것이다.

또한 대통령은 이 사건 당시 최서원의 사익추구 사실을 알지 못했다고 주장했는데, 헌법재판소는 "피청구인(박근혜 대통령)이 플레이그라운드, 더블루케이, 케이디코퍼레이션 등이 최서원과 관계있는 회사라는 사실을 몰랐다고 하더라도, 대통령으로서 특정 기업의 이익 창출을 위해 그 권한을 남용한 것은 객관적 사실이므로, 헌법과 국가공무원법 등 위배에 해당함은 변함이 없다."고 판시하였다.[107] 하지만 대통령이 최서원의 사익추구 사실을 알지 못한 채 기업에 공익활동이나 중소기업 지원 협조를 요청한 것이라면 직권남용 행위로 볼 수가 없음은 앞에서 검토한 바와 같으므로 헌법재판소의 위와 같은 판시내용은 그 이유 설시에 모순이 있다. 대통령이 이 사건 당시 최서원의 사익추구를 알고 있었는지는 대통령에 대한 탄핵사건뿐만 아니라 그 후의 형사재판에서도 가장 핵심적인 문제임에도 그 후 오랜 재판을 통해서도 증명할 수 없었다. 오히려 대통령 자신이 이 사건으로 사익을 취한 적이 없었음에 비추어 보면 최서원이 자신의 사익추구를 위해 오랜 친분이 있는 대통령을 이용하였을 가능성이 높고 달리 증거가 없으므로 대통령은 최서원의 사익추구를 알지 못했던 것으로 보는 것이 증거법칙에 맞는 사실인정이다.

그밖에 헌법재판소는 대통령이 최서원에게 국정에 관한 문건을 유출하여 최서원의 의견을 비밀리에 국정에 반영하고 최서원의 사익추구를 도움으로써 **공무원의 비밀엄수의무**(국가공무원법 제60조)를 위배하고 **대의민주제** 원리와 **법치주의** 정신을 훼손하였음을 탄핵결정의 이유로 추가하고 있다.[108] 그러나 대통령이 최서원의 사익추구를 인식하지 못한 상태에서 국정운영을 잘하려고 자신이 신뢰할 수 있다고 여기는 조력자에게 자문이나 조언을 받기 위해 비밀로 분류되지 않은 자료를 건넨 행위를 두고 공무원의 비밀엄수의무에 위배되었다고 볼 수는 없다. 또한 당시 대통령이 보좌진의 의견 중 하나로 최서원의 의견도 참고한 것을 넘어, 최서원이 대통령의 중요한 국정 판단까지 좌지우지했다고 볼 만한 증거가 없었음에도 마치 이러한 사실을 전제로 대의민주제 원리나 법치주의 정신을 훼손하였다고 판시한 부분은 도저히 납득하기 어렵다.

따라서 헌법재판소가 대통령에 대한 이 사건 탄핵사유로 들고 있는 사안들 중에는 중대한 헌법·법률위배가 있었다고 볼 만한 것이 보이지 않는다.

(2) 탄핵절차의 부당성

미국·영국은 의회에서 탄핵심판을 하는 정치재판형 탄핵제도이지만, 우리나라는 독일처럼 별도의 사법기관형 헌법재판소가 탄핵심판을 담당하며, 재판관은 모두 법조인으로 구성되고 그 정치관여가 금지되며 탄핵사유는 위헌·위법 사항으로 제한되고 있는 전형적인 사법재판형 탄핵제도를 갖추고 있다.[109] 이처럼 헌법재판소의 탄핵심판은 사법적 재판작용이므로 탄핵사유가 되는 사실관계의 인정은 증거에 의해 확정해야 하고 헌법과 법률을 해석하여 그 위반 여부를 결정해야 한다.[110] 그러므로 사실관계 파악을 위한 탄핵심판절차에는 형사소송에 관한 법령을 준용하고 있다(헌법재판소법 제40조 제1항 후단).

탄핵심판은 대상 공무원의 파면 여부를 결정하는 징계재판의 일종이고[111] 민·형사책임을 묻는 것은 아니므로 형사책임을 전제로 하지 않고서도 심판할 수 있다. 그러나 대통령에 대한 탄핵은 탄핵소추 의결과 동시에 그 권한행사가 정지되고[112] 탄핵결정으로 대통령이 파면되는 경우 국정공백이나 정치적 혼란으로 국가위기상황에 이를 수도 있으므로 그 탄핵소추나 탄핵심판은 일반적 징계절차와 달리 형사재판에 준하는 사실인정 절차를 거쳐 매우 신중하게 이루어질 필요가 있다.[113] 만약 탄핵사유의 사실관계가 명확한 경우에는 그 사실심리를 오래 진행할 필요가 없겠지만, 사실관계 파악이 필요한 탄핵사유로서 사실관계가 불명확한 경우에는 탄핵소추 의결이나 탄핵심판은 충분한 사실조사를 거쳐 사실관계가 확정된 다음에 이루어져야 한다. 그렇기 때문에 헌법재판소법은 탄핵심판이 형사재판의 사실인정과 모순되지 않도록 "피청구인에 대한 탄핵심판 청구와 동일한 사유로 형사소송이 진행되고 있는 경우에는 재판부는 심판절차를 정지할 수 있다."고 규정하고 있다(헌법재판소법 제51조).

이처럼 탄핵사유에 해당하는지 여부가 사실관계 조사를 거쳐야만 판단할 수 있는 경우에는 탄핵결정의 중대성에 비추어 국회의 탄핵소추도 소추사유에 관한 충분한 사실조사 후에 이루어져야 하고, 헌법재판소에서도 탄핵결정 전에 일반 형사법원의 재판심리 이상의 충분한 사실심리가 필요하다. 미국에서는 존슨, 클린턴, 트럼프 등의 대통령이나 법관들에 대한 탄핵이 적지 않게 있었는데, 비록 정치재판형 탄핵제도임에도 불구하고 모두 국회 사법위원회(Judiciary Committee)의 조사나 특별위원회 또는 특별검사의 조사를 거쳐 탄핵소추 여부를 결정해 왔다.[114] 우리나라는 사법재판형 탄핵제도이고, 이 사건의 경우에는 국회가 국정조사와 특검에 의한 수사를 실시하기로 의결하고도 그 조사·수사가 제대로 이루어지기 전에, 법제사법위원회의 조사절차나 본회의에서의 토론조차 거침이 없이 성급하게 대통령에 대한 탄핵소추를 의결한 것은 부당하고 정치인으로서 책임 있는 자세도 아니었다.

이에 대하여 학계에서는 탄핵의 중대성 등에 비추어 탄핵소추가 필요한 최소한의 조사절차도 거치지 않은 경우에는 탄핵소추 의결에 절차적 하자가 있음을 이유로 탄핵심판청구를 각하해야 한다는 견해[115]도 있었다. 그러나 헌법재판소는 이 사건 탄핵소추가 국회 법제사법위원회의 조사절차 없이 이루어졌더라도 권력분립 원칙상 국회 의사절차의 자율권은 존중되어야 하고 국회법 제130조 제1항의 조사절차 회부는 재량사항이라는 이유로 소추절차위반 주장을 받아들이지 않았다.[116]

우리나라는 사법재판형 탄핵제도이므로 헌법재판소의 탄핵심판도 법원재판과 마찬가지의 사실인정 절차와 법리판단 과정을 거쳐야 한다. 따라서 헌법재판소는 직접 이 사건 탄핵심판의 사실조사를 충실히 진행하거나, 아니면 대통령에 대한 탄핵심판 청구 사유와 동일사유로 형사소송이 진행되고 있던 중이므로 적어도 그 1심 재판의 사실심리를 마쳐 사실관계가 확인될 때까지 탄핵심판절차를 정지함이 마땅하였다. 그런데 삼성그룹 피고사건의 1심 판결선고가 2017년 8월 25일, 최서원 피고사건의 1심 판결선고가 2018년 2월 13일, 대통령 피고사건의 1심 판결선고가 2018년 4월 6일에 있었는데, 이 사건 탄핵결정 선고는 그 훨씬 이전인 2017년 3월 10일에 있었다. 헌법재판소는 국회에서 대통령에 대한 탄핵소추를 한 지 불과 3개월만에 충분한 사실조사 없이 성급하게 사실인정을 하고 일국의 대통령을 파면하는 탄핵결정을 하였다. 심지어 헌법재판소법이 예정하는 심판기간 180일(헌법재판소법 제38조 본문)도 그 절반밖에 지나지 않았음에도 탄핵결정을 한 것이다. 진실규명을 위해서는 충실한 증거수집과 합리적 절차진행이 중요한데, 이 사건 탄핵결정에는 부실한 증거수집과 불합리한 절차진행으로 절차적 정의조차 지켜지지 않았다고 볼 수밖에 없다.

이처럼 충분한 사실조사 없이 진행된 국회의 탄핵소추의결이나 헌법재판소의 탄핵심판 결정에 대해서는 학계의 비판이 쏟아지고 있다. 대표적으로 헌법재판소 재판관을 역임한 이시윤 변호사는 이 사건 대통령 파면 탄핵결정에 대하여 “미국의 닉슨 대통령 때 Coke 특별검사의 수사 후 탄핵 수순으로 옮겨진 것과 달리, 선(先) 탄핵 후(後) 특검도 문제점이었다. --- 절차상 논점은 전체의 일부에 불과할 것이다. 실체법상의 논점이 산같이 쌓여있다. --- 탄핵소추, 심리, 평의 등 세 가지 졸속 진행으로 절차상의 정의는 외면한 재판이라는 비판을 면할 수 없을 것이다."라고 지적하였다.[117] 또한 "이 사건은 형사법 위반 여부가 탄핵결정문에 드러난 다른 법령위반보다 더 중대한 법률위반으로 보이는 경우임에도, 헌법재판소가 그에 대한 심리를 하지 않고도 파면사유가 충분하다는 해명을 함도 없이, 형사법 위반 여부에 대하여 직권으로 충분한 사실심리를 하지 않고 결정문에서도 이를 판단하지 않은 것은 '판단누락'이 될 수 있고, 사법재판형 탄핵심판제도에도 맞지 않다."고 보는 견해[118]도 있다. 결국 대통령에 대한 탄핵사건은 나중에 근 4년간의 재판과정을 거쳐 사실조사를 마쳤는데, 그 결과 많은 부분이 무죄선고를 받았으며, 나머지 유죄선고를 받은 부분도 위와 같이 법리 오해나 증거법칙위배 및 심리미진이 있어서 유죄로 보기 어렵다. 사실관계를 가릴 필요가 있는 사건에서 충분한 사실심리 없이 나온 탄핵심판은 국민 대부분을 설득하는 데 실패하고 이는 그 후 깊은 국론분열의 계기가 된 것으로 보인다.

그밖에도 이 사건 탄핵결정 중 '적법절차 원칙은 국가기관에 대하여 헌법을 수호하고자 하는 탄핵소추절차에는 직접 적용할 수 없다'고 한 판시내용에 대한 비판 등 다른 절차적 또는 증거법적 쟁점에 관한 비판도 적지 않다.[119]

44) 대법원 2003. 12. 26. 선고 2002도7339; 신동운, 「형법각론」(법문사, 2018), 107면; 윤재식, 「주석 형법Ⅲ」(한국사법행정학회, 1997), 176면; 오영근, 「형법각론」(박영사, 2019), 685면.

45) 윤재식, 위의 책, 176면; 오영근, 위의 책, 685면.

46) 대법원 2018. 2. 13. 선고 2014도11441; 신동운, 위의 책, 108면.

47) 정성근·박광민, 「형법각론」(성균관대학교 출판부, 2018), 722면; 김성돈, 「형법각론」(성균관대학교 출판부, 2021), 773면; 윤재식, 위의 책, 177면; 오영근, 위의 책, 686면; 판례의 입장을 따를 경우 국가기밀주의에 편향될 위험이 있고 국민이 알아야 할 사항의 누설까지 처벌하게 된다는 이유로 통설 입장을 따르는 견해[박상기, 「형법학」(집현재, 2016), 830면]; 판례에 따르게 되면 국가기능의 침해위험 여부 판단결과에 따라 비밀 여부가 가려지는데, 이는 법피적용자에게 예측가능성을 제공하지 못하게 되고 당국의 자의적 법적용을 초래할 우려가 있어서 부당하다는 견해[이태엽, "비밀의 보호와 헌법상 기본권 간의 조화", 인권과 정의 제491호(대한변호사협회, 2020. 8.), 98면].

48) 김성돈, 「형법총론」(성균관대학교 출판부, 2020), 61면; 대법원 2011년 7. 14일 선고 2009도7777.

49) StGB § 353 b.

50) 정성근·박광민, 앞의 책, 723면; 윤재식, 위의 책, 178면.

51) 대법원 2003. 12. 26. 선고 2002도7339.

52) 대통령 피고사건 1심 판결(2017고합364-1).

53) 대법원 1978. 10. 10. 선고 75도2665; 정성근·박광민, 앞의 책, 724면; 김성돈, 앞의 「형법각론」, 775면; 윤재식, 앞의 책, 155면; 정웅석·최창호, 「형법각론」(대명출판사, 2018), 29면; 김혜정·박미숙·안경옥·원혜욱·이인영, 「형법각론」(피앤씨미디어, 2019), 660면.

54) 오영근, 앞의 책, 688면(주된 보호법익은 '국가기능의 공정'이고, 부차적 보호법익은 '사람의 의사결정의 자유'로 봄); 박상기, 앞의 책, 832면; 최병천, "직권남용권리행사방해죄 -공무원의 직권남용을 중심으로-", 경찰법연구 제17권 제2호

(한국경찰법학회, 2019), 30면; 이종수, "공무원의 부당한 직무수행과 직권남용죄의 관계 -직권남용죄의 보호법익과 '적극행정 면책이론'의 도입 논의를 중심으로-", 법조 제70권 제1호(법조협회, 2021. 2.), 220면.

55) 대법원 2020. 1. 30. 선고 2018도2236 전원합의체; 2012. 10. 11. 선고 2010도12754; 2005. 4. 15. 선고 2002도3453.

56) 정성근·박광민, 위의 책, 724면; 김성돈, 앞의 「형법각론」, 775면.

57) 오영근, 위의 책, 688면.

58) 대법원 2020. 2. 13. 선고 2019도5186; 2020. 1. 30. 선고 2018도2236 전원합의체; 신동운, 앞의 책, 85면; 윤재식, 위의 책, 156면; 정성근·박광민, 앞의 책, 725면; 김혜정·박미숙·안경옥·원혜욱·이인영, 앞의 책, 660면; 이러한 해석은 우리 형법이 입법 모델로 삼은 일본 형법 제193조의 해석에 관한 일본 판례의 입장과 유사한 것으로 평가되고 있다[오병두, "직권남용죄의 성립요건에 관한 검토", 형사법연구 제32권 제2호(한국형사법학회, 2020 여름), 163면].

59) 대법원 2020. 2. 13. 선고 2019도5186; 2020. 1. 30. 선고 2018도2236 전원합의체; 신동운, 앞의 책, 85면.

60) 조기영, "직권남용과 블랙리스트", 비교형사법연구 제20권 제2호(한국비교형사법학회, 2018. 7.), 41~42면.

61) 조기영, 위의 논문, 41면.

62) 이진국, "독일 형법상 법왜곡죄의 구성요건과 적용", 비교형사법연구 제21권 제1호(한국비교형사법학회, 2019. 4.), 179~180면.

63) 김성돈, "직권남용죄, 남용의 의미와 범위", 법조 제68권 제3호(법조협회, 2019. 6.), 223~224면.

64) 지원림, 「민법강의」(홍문사, 2016), 48면.

65) 신동운, 앞의 책, 85면.

66) 최준선, 「상법총칙·상행위법」(삼영사, 2021), 142면; 최준선, 「회사법」(삼영사, 2021), 505면.

67) 대법원 2017. 12. 28. 선고 2015두56540; 2007. 7. 26. 선고 2005두15748.

68) 대법원 2013. 9. 12. 선고 2013도6570; 2012. 1. 27. 선고 2010도11884; 2011. 2. 10. 선고 2010도13766; 2009. 1. 30. 선고 2008도6950; 2007. 6. 14. 선고 2004도5561; 2006. 5. 26. 선고 2005도6966; 2004. 10. 15. 선고 2004도2899; 2004. 5. 27. 선고 2002도6251; 이진국, 앞의 논문, 163면.

69) 같은 입장으로 볼 수 있는 판례(대법원 2020. 1. 9. 선고 2019도11698).

70) 같은 견해: 이진국, 위의 논문, 180면.

71) 대통령 피고사건의 1심 판결문(2017고합364-1).

72) 대법원 1978. 10. 10. 선고 75도2665.

73) 대법원 2020. 1. 30. 선고 2018도2236 전원합의체.

74) 대통령 피고사건의 1심 판결(서울중앙지법 2017고합364-1).

75) 대통령 피고사건의 1심 판결(서울중앙지법 2017고합364-1).

76) "박 대통령 '경제부흥·국민행복·문화융성 할 것'", TBS뉴스(2013. 2. 26.), 정치면, https://sports.news.naver.com/news.nhn?oid=003&aid=000 49 94926 (2021. 2. 19. 확인); "박근혜 정부, 역점 둘 체육 정책은?", NEWSIS(2013. 2. 24.), 최신뉴스면, https://sports.news.naver.com/news.nhn?oid=003&aid=000 4994926(2021. 2. 19. 확인).

77) 대통령 피고사건의 1심 판결(서울중앙지법 2017고합364-1); 최서원 피고사건의 2심 판결(서울고법 2018노1087).

78) 대통령 피고사건의 1심 판결(서울중앙지법 2017고합364-1).

79) 대통령 피고사건의 1심 판결(서울중앙지법 2017고합364-1), 220~227면.

80) 이 사건의 상세한 경위는 대통령 피고사건의 1심 판결(서울중앙지법 2017고합 364-1), 268~273면.

81) 대통령 피고사건의 1심 판결(서울중앙지법 2017고합364-1).

82) 대통령 피고사건의 1심 판결(서울중앙지법 2017고합364-1), 272면.

83) 대법원 2017. 5. 17. 선고 2017도2573; 한석훈, 「비즈니스범죄와 기업법」(성균관대학교 출판부, 2019), 200면.

84) 대법원 2010. 7. 15. 선고 2010도3544; 2007. 4. 26. 선고 2007도235.

85) GKL은 2016. 9. 28.부터 시행된 「부정청탁 및 금품 등 수수의 금지에 관한 법률」에 의하여 부정청탁이 금지되는 공기업에 해당하지만(한석훈, 앞의 「비즈니스범죄와 기업법」, 660면), 이 사건은 아직 이 법이 시행되기 전이므로 대통령의 GKL에 대한 이 사건 요청이 부정청탁에 해당하는 위법한 행위인 것은 아니다.

86) 대법원 2014. 3. 27. 선고 2013도11357; 한석훈, 앞의 「비즈니스범죄와 기업법」, 601면.

87) 대법원 2014. 9. 4. 선고 2011도14482.

88) 대법원 2014. 9. 4. 선고 2011도14482; 2007. 1. 26. 선고 2004도1632; 2006. 6. 15. 선고 2004도3424일

89) 대법원 2009. 1. 30. 선고 2008도6950.

90) 대법원 2009. 1. 30. 선고 2008도6950.

91) 최서원 피고사건의 상고심 판결(2018도13792), 23면.

92) 대통령 피고사건의 1심 판결(2017고합364-1), 330~334면.

93) 대통령 피고사건의 1심 판결(2017고합364-1), 205, 223면.

94) 최서원 피고사건의 상고심 판결(2018도13792면), 23면.

95) 대통령 피고사건의 1심 판결(2017고합364-1), 339~340면.

96) "면세점 5년마다 재승인하면 누가 투자하나", 오피니언뉴스(2015. 11. 15.), Issue/Focus면, http://www.opinionnews.co.kr/news/articleView.html?idxno=3231(2021. 2. 3. 확인).

97) 대통령 피고사건의 1심 판결(2017고합364-1).

98) 대통령 피고사건의 1심 판결(2017고합364-1), 325-326면.

99) "면세점으로 보는 오너가 성적표", 데일리한국(2016. 4. 2.), 소비자생활면, http:

//daily.hankooki.com/lpage/economy/201604/dh20160402083 245138090.htm(2021년2.4.확인);"호텔롯데상장일정조정…'면세점추가지정' 변수", 인베스트조선(2016년 4. 6.), FreeNews면, http://daily.hankooki.com /lpage/economy/201604/dh2016040208 3245138090.htm(2021년 2. 4. 확인).

100) 대통령 피고사건의 1심 판결(2017고합364-1), 331면.

101) 대통령 피고사건의 1심 판결(2017고합364-1), 334면.

102) "서울 시내면세점 '강남시대' 연다…경쟁심화에 실적하락 우려도", 세계일보(2016년 12. 18일), 비즈면, http://www.segye.com/newsView/20161218001127?OutUrl=naver(2021. 2. 4. 확인)

103) 대통령 피고사건의 1심 판결(2017고합364-1).

104) 대통령 피고사건의 1심 판결(2017고합364-1).

105) 헌법재판소 2017. 3. 10. 결정 2016헌나1; 2004. 5. 14. 결정 2004헌나1.

106) 헌법재판소 2017. 3. 10. 결정 2016헌나1.

107) 헌법재판소 2017. 3. 10. 결정 2016헌나1.

108) 헌법재판소 2017. 3. 10. 결정 2016헌나1.

109) 박성태, "탄핵심판절차에 관한 연구 -대통령(박근혜) 탄핵사건 탄핵사유와 증거법을 중심으로", 헌법재판연구 제7권 제1호(헌법재판연구원, 2020), 308면; 다만, 프랑스는 대통령의 탄핵심판을 맡는 고등탄핵재판소가 별도로 구성되지만, 상·하원에서 각 의원들 중 재판관이 선출되고, 탄핵사유도 '대통령의 직무수행과 양립할 수 없을 정도로 책무를 위반한 경우'라는 점[강명원, "탄핵에 관한 한국과 프랑스 헌법 비교 및 고찰 -대통령 탄핵을 중심으로-", 외법논집 제42권 제1호(한국외국어대학교 법학연구소, 2018. 2.), 306, 309면]에서 정치재판형에 가까운 사법재판형 탄핵제도로 보아야 할 것이다.

110) 이효원, "탄핵심판의 실체법적 쟁점 -뇌물수수 등 형사법 및 법률 위반 여부-", 한국헌법학회 2017년 학술대회 발표집(한국헌법학회, 2017. 1.), 1, 2면.

111) 김하영·박상록, "징계절차로서의 성격에 비추어 본 대통령 탄핵심판결정 -헌법재판소 2017. 3. 10. 선고 2016헌나1 전원재판부 결정-", 법학평론 제8권(서울대학교 법학평론 편집위원회, 2018. 4.), 297면.

112) 프랑스의 경우에는 국회에서 대통령에 대한 탄핵소추 의결이 있더라도 무죄추정원칙에 따라 고등탄핵재판소의 탄핵인용 결정이 있을 때까지 대통령은 직무를 수행할 수 있음(강명원, 위의 논문, 309, 310면)과 비교해 보더라도, 우리나라의 탄핵소추절차는 더욱 신중할 필요가 있다.

113) 김하영·박상록, 위의 논문, 300면.

114) Jared P. Cole & Todd Garvey, "Impeachment and Removal", CRS Report 7-5700(October 29, 2015), p.18일

115) 손인혁, "국민통합의 관점에서 본 탄핵심판절차의 문제점 -대통령 탄핵을 중심으로-", 세계헌법연구 제26권 제3호(세계헌법학회 한국학회, 2020. 12.), 13면; 표명환, "현행법상의 탄핵관련 규정의 몇 가지 문제점과 개선 입법방향", 법제연구 제54호(한국법제연구원, 2018), 23면. 이들은 나아가 국회법 제130조 제1항의 재량규정을 의무규정으로 전환하여 헌법재판소가 소추의 적법성을 판단하도록 해야 한다고 주장하고 있다(손인혁, 위의 논문, 14면; 표명환, 위의 논문, 13면).

116) 헌법재판소 2017. 3. 10. 결정 2016헌나1.

117) 이시윤, "탄핵심판의 절차법적 조명과 선고", 대한변협신문(2017. 3. 13.), 오피니언 면.

118) 박성태, 앞의 논문, 315, 316면.

119) 손인혁, 위의 논문, 17면.

2. 삼성그룹의 승마 및 영재센터 지원 사건

가. 뇌물수수죄의 공동정범 인정범위

뇌물수수죄란 공무원(또는 중재인, 이하 생략)이 그 직무에 관하여 뇌물을 수수하는 범죄를 말한다(형법 제129조 제1항).[120] 공무원이 그 직무에 관한 뇌물을 자신이 받는 범죄라는 점에서 뇌물을 제3자에게 공여하게 하는 제3자뇌물수수죄(형법 제130조)와는 구분된다. 그런데 공무원과 제3자가 공모하여 처음부터 제3자에게 뇌물을 제공하게 한 경우에는 뇌물수수죄의 공동정범으로 볼 것인지(뇌물수수죄설) 제3자뇌물수수죄의 공범으로 볼 것인지(제3자뇌물죄설) 문제가 된다. 종전까지의 판례는 이러한 경우 뇌물수수죄의 공동정범으로 본 것이 아니라 제3자를 제3자뇌물수수죄의 교사범이나 방조범으로 판시해 왔다.[121]

그런데 최서원 게이트 형사재판 중 삼성그룹의 승마 지원 사안에 대한 법원 판결은 이러한 경우 뇌물수수죄의 공동정범이 성립한다고 본 최초의 대법원 판례[122]가 된다(뇌물수수죄설). 같은 사건의 대법원 다수의견은 그 논거로 ① 신분범의 경우 신분 없는 자도 공동가공의 의사와 그 공동의사에 기한 기능적 행위지배를 통한 범죄의 실행이라는 주관적·객관적 요건이 충족되면 신분범의 공동정범으로 처벌할 수 있고, ② 공무원과 공동정범 관계에 있는 비공무원은 제3자뇌물수수죄에서 말하는 제3자가 될 수 없으며, ③ 뇌물수수죄의 공동정범이 성립한 이후 뇌물이 실제로 공동정범인 공무원과 비공무원 중 누구에게 귀속되었는지는 이미 성립한 뇌물수수죄에 영향을 미치지 않는데, 사전에 뇌물을 비공무원에게 귀속시키기로 모의하였거나 뇌물의 성질상 비공무원이 사용·소비할 것이라 하더라도 이러한 사정은 뇌물의 사후처리에 관한 것에 불과하므로 마찬가지라는 점을 들고 있다. 공동정범의 본질은 기능적 행위지배에 있는 것이므로 범죄로 인한 수익의 귀속주체가 누구인지는 공동정범의 판단기준이 될 수 없다는 논거로 위 대법원 다수의견을 지지하는 견해[123]도 있다.

이에 반대하는 같은 사건 대법원 소수의견은 공무원과 비공무원이 사전에 뇌물을 비공무원에게 귀속시키기로 모의하였거나 뇌물의 성질상 비공무원이 사용하거나 소비할 것인 경우에는 뇌물수수죄의 공동정범은 성립할 수 없고 제3자뇌물수수죄로 의율해야 한다는 것으로(제3자뇌물죄설), 다음과 같은 점을 논거로 들고 있다.

i) 형법은 제129조 제1항의 뇌물수수죄와 별도로 제130조에서 제3자뇌물수수죄를 규정하고 있는데, 형법은 동일하면서도 제3자뇌물수수죄의 경우에 '부정한 청탁'을 요건으로 추가한 것은 증뢰자로 하여금 제3자에게 뇌물을 공여하게 하였다면 공무원이 부정한 청탁을 받은 경우에만 처벌하고 부정한 청탁이 없었다면 처벌하지 않는다는 취지로 보아야 한다(판례).[124)]

ii) 공무원이 직접 뇌물을 받지 않고 증뢰자로 하여금 다른 사람에게 뇌물을 공여하게 한 경우에는 그 다른 사람이 공무원의 사자(使者)나 대리인으로서 뇌물을 받은 경우 등과 같이 사회통념상 그 다른 사람이 뇌물을 받은 것을 공무원이 직접 받은 것과 같이 평가할 수 있는 관계가 있는 경우에 한하여 형법 제129조 제1항의 뇌물수수죄가 성립하는 것으로 보아야 한다(판례).[125)]

iii) 뇌물수수죄의 공동정범에서 공동가공 의사의 목표가 되는 '특정한 범죄행위'란 공무원이 전적으로 또는 비공무원과 함께 뇌물을 수수하기로 하는 범죄행위를 말한다[126)]는 것이다.

대법원 다수의견은 앞 ①항에서 비신분범도 신분범의 공동정범이 될 수 있다고 설시하면서 대법원 2011년 7월 14일 선고 2011도3180 판결을 인용하고 있다. 그러나 이 판례는 납입가장죄의 공동정범에 관한 판례일 뿐, 종전 대법원 판례 중 공무원 등 신분자가 비신분자인 제3자에게 뇌물을 제공하게 한 사안이면서 뇌물수수죄의 공동정범으로 의율한 판례는 없었다.

대법원 다수의견은 앞 ②항에서 공무원과 공동정범 관계에 있는 비공무원은 제3자뇌물수수죄에서 말하는 제3자가 될 수 없다고 단정하면서 대법원 2017년 3월 15일 선고 2016도19659 판결을 인용하고 있다. 그러나 이 판결은 "제3자뇌물수수죄에서 제3자란 행위자와 공동정범 이외의 사람을 말하고, 교사자나 방조자도 포함될 수 있다."고 판시하여 제3자뇌물수수교사죄나 제3자뇌물수수방조죄의 성립범위를 설명한 것이다. 이 판례는 공무원과 비공무원이 공모하여 공여자로 하여금 비공무원에게 뇌물을 공여하게 한 사안임에도 비공무원을 뇌물수수죄의 공동정범이 아니라 제3자뇌물수수방조죄로 의율하였다. 따라서 이 판례에서 말하는 '공동정범'이란 뇌물수수죄의 공동정범을 말하는 것이 아니라 제3자뇌물수수죄의 공동정범, 그것도 뇌물을 제공받은 제3자가 아닌 공동정범을 말하는 것이다.[127] 그러므로 대법원 다수의견이 공무원과 비공무원이 공모하여 공여자로 하여금 비공무원에게 뇌물을 공여하게 한 경우에 뇌물수수죄의 공동정범이 성립할 수 있다고 보고, 이 판례(2016도19659)의 판시내용을 그러한 판례의 입장으로 인용한 것은 잘못이다. 오히려 앞 대법원 소수의견 ii) 기재내용처럼, 공무원이 뇌물을 제3자에게 제공하게 하였지만 제3자와 함께 뇌물수수죄의 공동정범이 성립하는 경우란, 그 제3자가 공무원의 사자(使者)나 대리인으로서 뇌물을 받는 등 사회통념상 제3자가 뇌물을 받은 것을 공무원이 직접 받은 것과 같이 평가할 수 있는 관계가 있는 경우로 한정함이 종전 판례의 입장이었다.

제3자뇌물수수죄의 제3자는 제3자뇌물수수죄의 공범은 될 수 있어도 뇌물수수죄의 공동정범은 될 수 없다고 보는 것이 제3자뇌물수수죄를 규정한 형법 제130조를 죄형법정주의의 엄격해석원칙에 맞게 해석하는 것이 된다. 뇌물수수죄설을 따르게 되면 원래 제3자뇌물수수죄로 처벌받아야 할 자가 공동정범이 있다는 이유로, '부정한 청탁' 요건이 없어 그보다 범죄성립이 용이한 뇌물수수죄로 처벌받게 되어 죄형법정주의의 엄격해석원칙에 반하는 해석이 된다.

대법원 다수의견 중 앞 ③항에서 뇌물수수죄의 공동정범이 성립한 후 뇌물이 실제로 공동정범인 공무원과 비공무원 중 누구에게 귀속되었는지는 이미 성립한 뇌물수수죄에 영향을 미치지 않는다는 것은 맞는 말이다. 그러나 제3자뇌물수수죄는 그 범죄구성요건상 뇌물이 비공무원인 제3자에게 귀속되는 것을 특징으로 한다. 그러므로 당사자 사이에 사전에 뇌물을 비공무원인 제3자에게 귀속시키기로 하였거나 뇌물의 성질상 비공무원이 사용·소비할 것인 경우라면 이는 단순히 뇌물의 사후처리에 관한 문제가 아니라, 제3자뇌물수수죄의 구성요건 해당성의 문제이다. 형법 제정 당시 부정한 청탁을 제3자뇌물수수죄의 구성요건으로 추가한 입법취지도 공무원이 뇌물을 자신이 받지 않고 비공무원인 제3자에게 공여하게 한 경우에는 부정한 청탁 요건을 추가함으로써 범죄의 성립범위를 좁히기 위한 것이다.[128] 공무원이 공익 목적 등 '좋은 뜻'으로 금품이나 이익을 제3자에게 제공하게 한 경우에는 직무수행과의 대가관계가 있다고 볼 수 없는 경우가 있어서 그 처벌범위를 명확히 할 필요가 있었기 때문이다.

대법원 다수의견을 따르면 제3자뇌물수수죄의 공동정범(즉, 뇌물을 제공받은 제3자와의 공동정범)은 있을 수 없게 되고, 뇌물을 독점한 제3자가 공무원을 교사하거나 방조한 사례와 그것을 넘어 공동가공의 실행행위까지 한 사례를 비교할 때, 실행행위를 많이 한 전자의 공무원은 제3자뇌물수수죄로 처벌되고 상대적으로 실행행위를 적게 한 후자의 공무원은 범죄성립이 보다 용이한 뇌물수수죄로 처벌되는 형평에 반하는 결과가 된다는 이유로 대법원의 소수의견을 지지하는 견해[129]도 있다.

따라서 위 대법원 다수의견의 논거는 모두 납득할 수 없으며, 위 대법원 소수의견(제3자뇌물죄설)이 제3자뇌물수수죄의 입법취지나 규정내용, 죄형법정주의의 엄격해석원칙 및 종전 판례의 입장에 충실한 해석이다. 이러한 제3자뇌물죄설을 따르면 공무원이 비공무원인 제3자와 짜고 제3자에게 뇌물을 제공하게 한 경우에는 제3자가 공무원의 사자(使者)나 대리인이 아닌 한 공무원은 제3자뇌물수수죄의 정범, 제3자는 제3자뇌물수수죄의 교사범이나 방조범 등 공범이 될 수 있을 뿐이다. 이론상으로는 제3자의 관여정도에 따라 제3자가 제3자뇌물수수죄의 공동정범이 되는 경우도 예상할 수 있겠지만, 앞의 판례(2016도19659)에서 보듯이 실무에서는 제3자가 공모가담 하였더라도 제3자뇌물수수죄의 교사범이나 방조범으로 의율되어 왔다.

나. 승마 지원 사건은 뇌물수수죄인가?

(1) 뇌물수수죄의 공동정범 여부

법원은 대통령이 최서원과 공모하여 삼성전자 부회장 이재용에게 승마선수단을 지원해 달라고 요청하여 삼성전자로 하여금 그 지원금 명목으로 최서원이 사실상 지배하는 코어스포츠에 용역대금 36억 3,484만 원을 지원하게 하고, 최서원에게 승마용 말 3필 합계 34억 1,797만 원 상당을 제공하게 하며, 승마선수단의 선수단 승차용 차량 3대와 말 수송용 차량 1대의 무상사용이익을 공여하게 한 것으로 사실인정을 하였다. 코어스포츠는 승마선수단의 독일 전지훈련 관리 용역회사이지만, 법원은 이 회사를 최서원의 사실상 1인회사[130]로 보아 코어스포츠에 대한 금전 교부는 최서원에 대한 금전 교부와 마찬가지로 취급하고 있다. 이러한 사실인정을 전제로 이 사건은 공무원인 대통령이 비공무원인 최서원과 공모하여 그 직무에 관하여 뇌물을 수수한 것으로 보아 뇌물수수죄로 의율하고, 상대방인 이재용 등 삼성그룹 임원들은 뇌물공여죄 및 업무상횡령죄로 의율했다.[131]

그러나 이 사건은 공무원(대통령)이 그 직무에 관하여 뇌물을 비공무원인 제3자(최서원)에게 제공하게 한 구조이므로 제3자뇌물수수죄의 구조를 갖추고 있다. 그럼에도 불구하고 대법원 다수의견은 뇌물수수죄설에 따라 최서원이 대통령과 공동정범 관계에 있다는 이유로 뇌물수수죄의 공동정범으로 의율하였다. 이는 특검이 뇌물수수죄설에 따라 의율하여 공소제기한 대로 법원도 따른 것으로서, 삼성그룹 피고사건의 1심 판결, 최서원 피고사건의 1심 판결 및 대통령 피고사건의

1심 판결부터 모두 뇌물수수죄설에 따라 부정한 청탁 요건이 불필요한 뇌물수수죄의 공동정범으로 의율하여 유죄선고를 하였던 것이다.

이에 대하여 대법관 4인의 소수의견은 제3자뇌물죄설에 따라 제3자뇌물수수죄로 의율함이 타당하다고 주장하였다. 앞 가.항 기재와 같이 제3자뇌물죄설이 타당하고, 이 견해에 의하면 후술하는 영재센터 지원 사건과 마찬가지로 대통령의 직무에 관한 '부정한 청탁'의 존재를 증명하지 못하면 무죄선고를 해야 할 것이다. 그 '부정한 청탁'의 존재 여부에 관하여는 달리 명시적 부정청탁이 있었던 것이 아니므로 영재센터 지원 사건에서의 결론과 마찬가지로 부정한 청탁이 있었던 것으로 볼 수 없을 것이다.

(2) 대통령과 최서원의 공모 여부

대법원 다수의견은 앞 (1)항 기재와 같이 뇌물수수죄설에 따라 이 사건 승마 지원 사건을 제3자뇌물수수가 아니라 대통령과 최서원의 뇌물수수 공모공동정범으로 파악하고 있다. 그러나 대통령과 최서원은 상호 공모사실을 부인하고 있다. 이에 관하여 법원은 대통령의 공모사실에 관한 증거로 ① 대통령이 최서원의 의견에 따라 대한승마협회의 회장사를 삼성그룹으로 변경하여 삼성그룹에 승마지원을 요구하거나 그 지원

부진을 질책하는 등 승마 지원에 적극 관여한 점, ② 최서원은 승마선수인 딸 J에 대한 승마훈련을 지원해 주고 있는 박원오를 내세워 삼성전자로부터의 이 사건 승마 지원을 능동적으로 주도한 점, ③ 대통령과 최서원의 평소 친분관계, 즉 대통령이 오래 전부터 최서원과 개인적 친분관계를 맺어 왔고 최서원의 의견을 국정운영에도 반영하였으며, 최서원의 부탁을 받아 최서원 주변 사람들을 기용하거나 최서원 관련 회사의 납품·수주 등을 직접 챙겨 왔던 점, ④ 대통령이 최서원으로부터 삼성그룹의 승마지원 진행상황을 계속적으로 전달받아 온 것으로 보인다는 점을 들고 있다.[132] 또한 최서원의 공모사실과 기능적 행위지배에 관한 증거로 ⅰ) 대통령이 이재용에게 J에 대한 승마 지원을 요구한 점, ⅱ) 최서원은 이 사건 승마 지원을 통한 뇌물수수 범행에 이르는 핵심경과를 조종하거나 저지·촉진하였다는 점을 들고 있다.[133]

그런데 앞 ① 기재내용과 같이 대통령이 이재용에게 대한승마협회의 회장사를 삼성그룹이 맡아서 승마 유망주들이 올림픽에 참가할 수 있도록 지원해 줄 것을 부탁한 것은 사실이지만, 그것은 그 부탁의 내용처럼 승마협회의 발전과 올림픽에 대비하는 승마단의 지원강화를 위한 당부였을 뿐이라고 보아야 할 것이다. 그 이유는 그 부탁 시기가 이 사건으로부터 약 1년 전인 2014년 9월 15일 단독면담 당시였고, 그 후 삼성그룹은 약 1년간이나 J에 대한 아무런 승마 지원이 없었기 때문이다. 또한 법원 판결에 의하면 그 후 이 사건 용역계약을 체결한 2015년 8월 26일 당시만 해도 대통령과 최서원 및 이재용 등 삼성그룹 관계자들 사이에 향후 구입할 마필을 최서원의 소유로 한다거나, 향후 구입할 마필의 실질적 사용·처분 권한을 최서원에게 이전하기로 하는 의사의 합치가 없었으므로, 그 용역계약 체결 당시에는 향후 구입 마필의 구입대금이나 마필 자체를 뇌물로 수수하기로 하는 합의가 있었던 것은 아니라고 판시하고 있는 점[134]도 이를 뒷받침하는 정황이다.

그리고 앞 ② 및 ii) 기재내용은 대통령의 공모가담사실에 대한 증거가 될 수는 없고, 앞 ④ 기재내용은 재판부의 추측에 불과하며, 앞 i) 기재내용은 재판부의 근거 없는 판단에 불과할 뿐 대통령이나 이재용의 진술에 따르면 실제로 대통령이 이재용에게 말한 내용은 '승마 유망주들을 적극적으로 지원해 달라'는 것이었지 J를 특정하여 승마지원을 요청한 것은 아니었다. 그 밖의 공모 증거라는 것은 대통령이 평소 최서원과 친분관계가 있어서 최서원의 의견을 국정에 반영하였다거나 최서원의 사적 부탁을 들어주어 왔다는 것뿐이다.

형법 제30조의 공동정범은 공동가공의 의사와 그 공동의사에 의한 기능적 행위지배를 통한 범죄실행이라는 주관적·객관적 요건을 충족하면 성립하므로, 공모자 중 구성요건

행위를 직접 분담하여 실행하지 않은 사람도 위 요건이 충족되면 이른바 공모공동정범으로서의 죄책을 질 수 있다.[135] 다만, 범죄구성요건 행위를 직접 분담하여 실행하지 아니한 공모자가 공모공동정범으로 인정되기 위해서는 전체 범죄에 있어서 그가 차지하는 지위·역할이나 범죄경과에 대한 지배 내지 장악력 등을 종합하여 그가 단순한 공모자에 그치는 것이 아니라 범죄에 대한 본질적 기여를 통한 기능적 행위지배가 존재하는 것으로 인정되어야 한다.[136] 또한 공동가공의 의사는 타인의 범행을 인식하면서도 이를 제지하지 않고 용인하는 것만으로는 부족하고 공동의 의사로 특정한 범죄행위를 하기 위하여 일체가 되어 서로 다른 사람의 행위를 이용하여 자기의 의사를 실행에 옮기는 것을 내용으로 하는 것이어야 한다.[137]

그러므로 대통령이 이 사건에서 공모공동정범으로 되려면, 우선 대통령에게 최서원이 대통령의 직무를 이용하여 승마선수단 지원을 구실로 사실은 그 딸 J만 삼성그룹으로부터 지원받으려고 한다는 최서원의 사익추구에 대한 인식이 있었음에도 이재용에게 이 사건 승마 지원을 요청하였다는 점이 증거에 의하여 인정되어야 한다.

그러나 법원 판결에 의하더라도 대통령은 평소 친분관계가 있는 최서원의 의견에 따라 대한승마협회의 회장사를 삼성그룹으로 변경하게 하고 올림픽 출전에 대비하여 승마선수단의 후원을 삼성그룹이 적극적으로 하도록 독려하였다는 것 밖에는 증명된 사실이 없다. 당시 대통령이 그 승마선수단에 최서원의 딸 J도 국가대표선수로 있는 사실을 알고 있었다고 하더라도 그것만으로 대통령이 최서원의 위 사익추구 의도를 인식하면서 **공동가공의 의사**로 이재용에게 승마선수단 지원을 요청한 점까지 인정되는 것은 아니다.

따라서 최서원이 대통령을 이용하여 이 사건 승마지원을 받은 사실까지는 인정할 수 있어도, 나아가 대통령이 최서원과 이 사건 뇌물수수를 공모하였음을 인정할 만한 증거는 보이지 않는다. 학계에서도 대통령의 '최서원에게 속았다'는 진술이나, 삼성그룹 피고사건 1심법원이 가장 먼저 판결선고를 하면서 대통령에 대한 조사를 한 적도 없이 성급하게 대통령과 최서원의 공모관계를 인정한 점 등에 비추어 그 공모관계 인정에 의문을 제기하는 견해[138]도 있다. 법원이 대통령의 이 사건 공모를 인정한 것은 논리칙 및 경험칙에 반하는 증거가치의 판단으로서, 범죄사실 인정에 합리적 의심이 없는 정도의 증명을 요구하는 증거법칙에 위배된다.

(3) 직무관련성 및 대가관계 유무

대법원 다수의견에 따라 이 사건 승마 지원을 뇌물수수죄 및 뇌물공여죄에 해당하는 사안으로 보더라도, 뇌물수수나 뇌물공여는 공무원의 직무에 관한 것이어야 하고, 공무원의 직무와 금품 등 이익의 수수가 적어도 전체적으로라도 **상호 대가관계**에 있어야만 **뇌물**이라 할 수 있어서 뇌물을 수수하거나 공여한 셈이 된다(통설·판례).[139] 이 경우 대가관계란 뇌물의 교부가 공무원의 직무수행과 반대급부 관계에 있는 것을 말하고, 증뢰자와 수뢰자 사이에 그 대가를 주고받는다는 의사의 합치도 있어야 한다.[140] 공무원이 수수한 금품이나 이익이 공무원의 직무수행과 대가관계가 있는 부당한 이익으로서 뇌물에 해당하는지 여부는 당해 공무원의 직무내용, 직무와 이익제공자와의 관계, 쌍방 사이에 특수한 사적인 친분관계가 존재하는지 여부, 이익의 다과, 이익을 수수한 경위와 시기 등 제반 사정을 참작하여 결정해야 할 것이고, 뇌물죄가 직무집행의 공정과 이에 대한 사회의 신뢰를 그 보호법익으로 하고 있음에 비추어 공무원이 그 이익을 수수하는 것으로 인하여 사회일반으로부터 직무집행의 공정성을 의심받게 되는지 여부도 하나의 판단기준이 된다(판례).[141]

이 사건의 경우 법원은 대통령이 가지는 광범위하고 강력한 권한은 삼성그룹 계열사들의 기업활동에 직·간접적으로 관련되어 있는데, 대통령은 사실상 최서원의 딸 J의 승마 지원을 이재용에게 요청한 것이고, 삼성그룹 회장의 후계자인 이재용도 대통령으로부터 삼성그룹의 기업활동에 도움을 받거나 최소한 불이익을 받지 않도록 하기 위하여 J에 대한 이 사건 승마 지원을 한 것이므로 그 지원과 대통령의 직무수행 사이에 포괄적 직무관련성 및 대가관계가 인정되는 것으로 보았다.[142] 대통령의 포괄적 권한을 근거로 이른바 **포괄적 뇌물죄**를 인정한 것이다.

그런데 대통령은 2020년 동경올림픽, 가깝게는 2018년 아시안게임에 대비하여 이재용에게, 2014년 9월 15일 1차 단독면담 당시에는 삼성그룹이 승마선수단을 지원해 달라고 말하였고, 2015년 7월 25일 2차 단독면담 당시에도 같은 취지로 승마 지원을 재촉하였을 뿐이다. 이재용도 처음에는 그 요청을 승마선수단의 지원요청으로 알았던 것이다. 만약 이 사건 승마 지원이 그러한 공익 목적에 그쳤다면 그 승마 지원과 대통령의 삼성그룹 기업활동 관련 직무수행 사이에 뇌물수수죄나 뇌물공여죄의 직무관련성 및 대가관계가 있는 것으로 볼 여지는 없었을 것이다. 대통령이 기업에 공익활동 지원을 요청하는 것을 직무수행의 대가로 요청할 일은 아니기 때문이다. 다만, 최서원이 이 사건 승마 지원을 사실은 J만을 위한 지원으로 전용하여 사익을 추구하려 한다는 점을 대통령이 인식하고 있었다면, 대통령이 그러한 최서원의 사익추구를 위해 이 사건 승마 지원을 요청하는 것은 대통령 직무수행의 대가로 볼 수도 있을 것이다.

그러나 최서원은 처음에는 삼성그룹으로부터 승마선수단 전체가 지원받음으로써 그 선수에 속하는 J도 혜택을 받을 것으로 생각했던 것인데, 삼성그룹의 지원이 현실화되어 가면서 나중에는 J만 독점하거나 우선하여 지원받는 것으로 변질시킨 것으로 보인다. 이재용을 포함하여 삼성그룹 측 임직원들이 처음에는 이 사건 승마지원을 J를 포함한 6명 승마선수들에 대한 지원으로 알고 있었던 점, 삼성그룹 측의 계약내용 조정을 거쳐 코어스포츠와 체결된 2015년 8월 26일자 이 사건 용역계약도 '코어스포츠가 6명 승마선수들의 전지훈련을 관리하고 그 선수들의 승마용 말과 차량을 구입하며, 삼성전자는 그 자금을 지원한다'는 내용으로 작성되었던 점[143] 등이 이에 부합하는 사실이다. 그 후 삼성전자가 2015년 9월 14일부터 2016년 7월경까지 이 사건 용역대금을 코어스포츠에 송금하였는데, 그 사이에 코어스포츠가 J만 지원하고 다른 승마선수들은 지원하지 않고 있으므로 삼성그룹 측이 2016년 7월경에야 비로소 J 외의 다른 승마선수들에 대한 지원을 위해 별도의 용역계약을 제3자인 안드레아스와 체결하려고 시도한 사실도 삼성그룹 측이 처음에는 이 사건 코어스포츠와의 용역계약이 승마선수단 전원에 대한 지원으로 여기고 있었다는 증거이다.[144] J의 승마훈련 후견을 맡고 있던 박원오가 "(이

사건 용역계약에 따라) 승마선수를 선발해야 한다고 명단을 올리면 최서원이 이런저런 핑계를 대면서 커트시켜 버려 한 명도 선발하지 못하였다."고 진술하고 있는 점도 이에 부합하는 정황이다.[145] 또한 대한승마협회 차장 이재훈도 "삼성전자 대외협력 스포츠기획팀으로부터 독일 승마 전지훈련단 선수선발을 위해 자격요건을 갖춘 선수를 추천해 달라는 요청을 받고, 2015년 10월 29일 마장마술 선수 J를 포함한 선수 13명의 명단을 회신해 주었으며, 같은 해 11월경 대한승마협회가 위 선수들 중 독일 전지훈련 장애물 선수 10명을 선발한 다음 선수 본인의 의사나 상황을 고려하여 이00을 최종적으로 선발하였는데, 최서원의 거부로 이00의 독일 파견이 무산되었다."고 진술하고 있다.[146]

이에 대해 법원은 이재용 등 삼성그룹 임직원들이 늦어도 위와 같이 2015년 9월 14일 용역대금을 송금하기 전까지는 대통령의 승마지원 요구가 J에 대한 승마지원이라는 사실 및 그 뇌물성을 인식한 것으로 보았다.[147] 그러나 승마지원 실무를 맡은 삼성그룹 임직원들이 그 뇌물성을 인식한 때는 다른 승마선수의 독일 전지훈련 파견이 최서원의 거부로 무산된 2015년 11월경과 2016년 7월경 사이로 보아야 할 것이다. 그런데 이 사건 용역계약에 따른 용역대금의 송금이나 마필 등 구입은 그 시기 전후로 이루어진 것이다. 따라서 이재용 등 삼성그룹 임직원에 대하여 그 용역대금 전부와 마필 등을 모두 뇌물공여죄로 의율한 법원 판결은 논리칙에 반하는 부당한 사실인정이다.

그리고 대통령에 대하여는, 대통령이 최서원과 이 사건 뇌물수수를 공모하였다고 볼 증거가 충분치 않음은 위 (2)항 기재와 같고, 이재용과의 이 사건 단독면담을 2015년 7월 25일과 2016년 2월 15일에 가졌을 뿐 달리 이 사건에 관여한 적이 없는 대통령이 그 단독면담에서 승마지원을 요청할 당시 최서원의 사익추구 사실을 알고 있었다고 볼 증거는 없다. 그러므로 대통령에게 이 사건 뇌물수수의 직무관련성 및 대가관계, 즉 뇌물성에 대한 인식이 있었다고 보기 어려움에도, 법원은 뇌물수수죄의 직무관련성 및 대가관계에 관한 법리를 오인하였거나 그 증거판단을 소홀히 하여 대통령에 대하여 뇌물수수죄를 유죄로 인정한 잘못이 있다.

(4) 업무상횡령죄의 성립 여부

법원은 위와 같이 대통령과 최서원에 대하여 뇌물수수죄의 공동정범을 인정함에 대응하여, 이재용 등 삼성그룹 임직원들에 대하여는 뇌물공여죄를 인정함은 물론 업무상횡령죄의 기수도 인정하였다. 그 중 업무상횡령죄의 범죄사실은 이재용 등 삼성그룹 임직원들이 위와 같이 최서원이 사실상 지배하는 코어스포츠에 용역대금 명목으로 삼성전자의 자금 36억 3,484만 원을 뇌물로 공여하여 이를 횡령하였고, 최서원에게 삼성전자 소유의 승마용 말 3필(살시도, 비타나, 라우싱) 합계 34억 1,797만 원 상당을 뇌물로 제공하여 이를 횡령하였다는 것이다. 법원은 말 3필 중 살시도는 삼성전자 대외협력 사장 박상진이 J의 승마 훈련을 후원하는 박원오에게 '기본적으로 (최서원이) 원하시는 대로 하겠다'는 문자메시지를 보낸 2015년 11월 15일 마필 자체를 횡령한 셈이고, 그 후 2016년 2월 4일 삼성전자가 구입하여 최서원에게 제공한 비타나와 라우싱은 그 구입자금을 횡령한 것으로 보았다.[148)]

회사의 이사는 기업활동을 하면서 형사상 범죄를 그 활동수단으로 해서는 안 될 임무가 있으므로 회사의 이사가 그러한 업무상 임무에 위배하여 보관 중인 회사자금으로 뇌물을 공여하였다면 그 이사는 회사에 대하여 업무상횡령죄의 죄책을 면치 못한다는 법리[149)]에 따른 것이다.

그 중 말 3필의 뇌물공여에 관해서는 제공한 뇌물이 말 3필인지 아니면 말 3필의 무상사용이익인지 여부에 관하여 법원 내부에서도 견해가 갈리고 있다. 대법원 다수의견은 뇌물수수죄의 '수수'란 뇌물을 취득하는 것이고 뇌물공여죄의 '공여'란 뇌물을 취득하게 하는 것인데, 그 '취득'이란 뇌물에 대한 사실상의 처분권을 취득하는 것일 뿐 그 물건의 법률상 소유권까지 취득해야 하는 것은 아니므로, 뇌물로 제공된 물건에 대한 점유를 취득하고 그 공여자나 법률상 소유자로부터 반환을 요구받지 않는 관계에 이른 때에는 실질적 사용·처분권을 가진 것이라고 하면서, 이 사건의 경우 최서원이 말 3필에 대하여 그 실질적 사용·처분권을 취득한 것이므로 삼성전자가 최서원에게 제공한 뇌물은 말 3필로 보았다.[150)]

이에 대해 같은 판결의 대법원 소수의견[151)]이나 삼성그룹 피고사건의 항소심 판결[152)]은 위 삼성전자 대외협력 사장의 2015년 11월 15일자 문자메시지는 '최서원이 요구하면 모두 들어줄 수 있다'는 취지일 뿐 이를 소유권 이전의 승낙으로 볼 수 없고, 그 밖의 제출된 증거만으로는 말들에 대한 실질적 처분권한을 최서원에게 이전하는 쌍방의 의사합치가 있었다고 볼 수 없으므로 말 3필의 무상사용이익을 뇌물로 제공한 것으로 보았다.[153)] 이 견해에 따르면 말들의 무상사용이익은 재물이 아니므로 재물을 대상으로 하는 업무상횡령죄도 성립하지 않는다.[154)]

그런데 위 대법원 다수의견에 따르더라도 법원이 말 3필의 뇌물제공으로 업무상횡령죄의 기수로 보고 「특정경제범죄 가중처벌 등에 관한 법률」(이하 '특정경제범죄법'이라 함) 제3조 제1항 위반으로 의율한 것은 다음과 같은 이유로 부당하다. 횡령죄의 기수시기는 횡령죄의 보호법익인 '타인의 재물에 대한 소유권(또는 본권)'을 침해하거나(침해범설) 적어도 그 침해의 구체적 위험이 발생한 때(구체적 위험범설)라는 것이 통설·판례의 입장이다.[155] 침해범설은 물론 구체적 위험범설을 따르더라도 횡령죄의 기수시기는 횡령행위, 즉 불법영득의사의 외부적 표현행위가 종료된 때(표현행위 종료시설)이므로,[156] 이 사건의 경우에는 마필의 소유권이전 행위가 종료된 때 비로소 기수에 이르는 것이다.[157] 삼성전자 대외협력 사장 박상진의 위 2015년 11월 15일자 문자메시지를 살시도나 향후 구입할 비타나, 라우싱에 대한 실질적 처분권을 최서원에게 준 것으로 볼 수 있는지도 의문이지만(대법원 소수의견의 입장), 그렇게 본다고 하더라도 위 말 3필의 소유권을 삼성전자가 갖고 있고 최서원에게 소유권을 이전하는 행위(즉, 말 패스포트의 '마주' 변경)조차 하지 않은 단계에서는 그 소유권이 침해되지 아니함은 물론 그 소유권 침해의 구체적 위험조차 발생하지 않은 것이다. 특히 마필 중 비타나와 라우싱의 경우에는 삼성전자가 구입하여 그 구입자금만 지출한 단계에서는 말 구입 자체가 금지된 것은 아니므로 회사재산 보유형태의 변경에 불과할 뿐이다. 그 마필들을 최서원에게 뇌물로 제공하기 위해 구입한 것이라면 구입자금의 지출만으로 횡령행위가 기수에 이른 것이 아니라 나중에 마필을 뇌물로 제공하고 그 소유권 침해의 구체적 위험이 발생하였을 때 횡령죄의 기수에 이른 것으로 보아야 할 것이다. 그러므로 그 구입자금을 횡령하였다고 본 위 대법원 다수의견은 부당하다.

특정경제범죄법 제3조 제1항 위반죄의 경우에는 미수범 처벌규정이 없으므로 횡령 미수인 경우에는 형법상의 업무상 횡령죄로 의율해야 한다.[158] 따라서 말 3필에 관해서는 가사 이재용 등의 뇌물공여죄가 성립한다 하더라도 형법상 업무상 횡령죄의 미수죄로 의율했어야 함에도 법원이 특정경제범죄법 제3조 제1항 위반죄로 의율한 것은 부당하다.

(5) 쟁점 정리

이 사건 승마 지원은 대통령으로서는 2018년 아시안게임 및 2020년 동경올림픽에 대비하여 삼성그룹으로 하여금 대한 승마협회의 회장사로서 승마선수단의 전지훈련 등을 적극 지원하도록 요청한 것이다. 그런데 그 선수단에 속하는 승마선수 J의 모친 최서원은 대통령의 그 지원 요청이 자신의 부탁에 따라 이루어진 것임을 기화로 그 승마 지원을 자신의 딸 J가 독점하거나 우선하여 받을 수 있도록 변질시키는 등 사익 추구에 이용한 것으로 보인다.

그러나 최서원 측과 직접 이 사건 용역계약을 체결하여 용역대금을 송금하고 말 3필과 선수단 차량 4대를 구입하여 최서원의 이용에 제공한 삼성그룹 측도 나중에야 그러한 최서원의 사익추구 사실을 알게 되었던 것이다. 그러므로 이재용과 단독면담을 2회 하였을 뿐 달리 이 사건에 관여한 적이 없는 대통령이 최서원의 사익추구 사실을 인식하면서 그 지원요청을 한 것으로 보려면 그 증거가 필요하다. 그러한 증거가 없는 이 사건에서는 대통령에게 이 사건 뇌물수수의 직무관련성 및 대가관계, 즉 뇌물성에 대한 인식이 있었다고 보기 어렵다. 또한 대통령은 이 사건으로 어떠한 사익도 취득한 적이 없음은 물론, 최서원의 사익추구에 대한 구체적 인식도 없었으므로 최서원의 이 사건 뇌물수수에의 공동가공 의사가 인정되지 않아 공모가담한 것으로 볼 수도 없다.

나아가 이 사건은 공무원인 대통령이 삼성그룹으로 하여금 비공무원인 최서원에게 뇌물을 제공하게 한 구조이므로 대통령 등에 대하여는 제3자뇌물수수죄, 이재용 등에 대하여는 제3자뇌물교부죄로 의율함이 타당하다. 이처럼 제3자뇌물죄로 의율하는 경우 후술하는 영재센터 지원 사건에서 검토하는 것처럼 그 구성요건인 '부정한 청탁'의 존재를 인정할 수 없으므로 모두 무죄로 보아야 할 텐데, 뇌물수수죄의 공모공동정범으로 의율하여 '부정한 청탁' 유무와 관계없이 모두 유죄로 선고한 법원 판결은 부당하다.

말 3필에 관하여는 가사 이 사건 뇌물죄가 성립하더라도, 그 마필의 뇌물제공으로 인하여 이재용 등 삼성그룹 임원들을 특정경제범죄법위반(횡령)죄로 의율한 것은 잘못이다. 가사 횡령죄가 성립하더라도 아직 말 3필의 소유권을 삼성전자가 갖고 있고 최서원에게 그 소유권이전 행위조차 하지 않은 단계에서는 그 소유권이 침해되지 아니함은 물론 그 소유권 침해의 구체적 위험조차 발생하지 않은 것이므로 특정경제범죄법위반(횡령)죄가 아닌 형법상 업무상횡령죄의 미수죄로 의율함이 타당하다. 특정경제범죄법위반(횡령)죄로 유죄판결을 받은 사람은 일정기간 동안 피해 기업체나 피해 기업체가 5% 이상 출자한 기업체 등에 대한 취업이 금지되므로(특정경제범죄법 제14조 제1항, 같은 법 시행령 제10조 제2항), 회사의 임원인 피고인에게는 양형의 차이만큼이나 중요한 문제이다.

다. 영재센터 지원 사건은 제3자뇌물수수죄인가?

(1) 포괄적 제3자뇌물죄의 부당성

이 사건은 대통령이 최서원과 공모하여 삼성전자 부회장 이재용에게 요청하여 삼성전자로 하여금 영재센터에 후원금 16억 2,800만 원을 지원하게 하였다는 것으로, 공무원이 그 직무에 관하여 뇌물을 자신이 아닌 제3자(영재센터)에게 공여하게 한 구조이다. 이에 대통령과 최서원은 제3자뇌물수수죄의 공동정범으로 의율되었고, 상대방인 이재용 등 삼성그룹 임원들은 제3자뇌물교부죄 및 업무상횡령죄의 공동정범으로 의율되었다. 이 사건 업무상횡령죄는 회사재산을 뇌물로 제공한 것이 횡령행위에 해당한다는 것으로 제3자뇌물교부죄의 성립 여부에 따라 업무상횡령죄의 성립 여부도 좌우되는 것이므로, 제3자뇌물죄의 쟁점에 관하여 검토하기로 한다.

법원 재판에서는 제3자뇌물죄의 구성요건 중 공무원의 직무에 관한 '부정한 청탁'이 있었는지 여부가 문제되었다. 공소사실에서 주장하는 '부정한 청탁'의 내용은 이재용의 삼성그룹 계열사들에 대한 지배권 확보에 의한 안정적 경영권 승계를 목표로 하는 포괄적 현안으로서의 승계작업(이하 승계작업이라 함)과 이를 구성하는 개별적 현안을 대통령이 도와달라는 취지의 청탁이다. 그 청탁 및 청탁의 대상이 된 대통령의 직무행위 자체가 위법·부당한 것은 아니므로 그 직무행위의 대가로 영재센터에 대한 후원금 지원을 한 것인 경우에 '부정한' 청탁이 인정될 수 있다(p.103,104 1의 마. (1)항 참조). 또한 '묵시적' 의사표시에 의한 부정청탁이 있는 것으로 보려면, 대통령과 이재용 사이에 영재센터에 제공되는 돈이 청탁 대상이 되는 직무행위의 대가라는 점에 대한 공통의 인식이나 양해가 존재해야 한다(p.103,104 1의 마. (1)항 참조). 이 사건에서도 명시적 청탁은 없었으므로 묵시적 부정청탁이라도 인정하기 위해서는 청탁 대상이 되는 대통령 직무수행의 대가로 삼성그룹의 영재센터 지원이 이루어진 것이고, 그에 관한 상호 공통의 인식이나 양해가 있었다는 점이 인정되어야만 할 것이다.

그런데 제3자뇌물죄의 구성요건으로 부정한 청탁을 요구하는 이유는 공무원 직무와의 대가관계를 명확히 함으로써 처벌범위가 불명확해지는 것을 막기 위한 것이므로(p.103,104 1의 마. (1)항 참조), 청탁 대상인 직무행위의 내용은 명확히 특정되어야 할 것이다. 일본 형법 제197조의2는 제3자뇌물수수죄의 구성요건으로 직무에 관하여 청탁받을 것을 요구할 뿐이지만, 그 '청탁'의 대상이 되는 직무행위는 어느 정도 구체적으로 특정되어야 한다고 보거나[159] 뇌물제공과 직무행위의 대가관계의 존재가 명확해야 한다고 하여[160] 마찬가지로 해석하고 있다. 이는 제3자뇌물죄에는 청탁 대상 직무행위가 명확히 특정되지 않는 포괄적 대가관계가 허용되지 않는다는 의미이다.[161] 따라서 부정한 청탁을 요건으로 요구하지 않는 뇌물수수죄에는 포괄적 대가관계를 인정하는 이른바 포괄적 뇌물죄가 인정될 수 있지만, 부정한 청탁을 요건으로 요구하는 제3자뇌물죄에는 포괄적 제3자뇌물죄 개념이 허용되지 않는 것으로 보아야 한다. 제3자뇌물수수죄에 포괄적 뇌물죄의 법리를 확장한다면 뇌물의 귀속주체가 제3자인 경우 뇌물수수죄와 구분하여 제3자뇌물수수죄의 성립범위를 엄격히 제한하려는 현행법의 입법취지가 몰각되고, 기업인들의 공익단체 후원 등 사회공헌활동이 위축되는 부작용을 초래한다는 이유로 포괄적 현안에 대한 묵시적 청탁을 인정해서는 안 된다고 보는 견해[162]도 있다.

이에 대해 뇌물수수죄와 제3자뇌물죄 사이에 실질적 차이가 없다고 보고, 뇌물수수죄에 포괄적 대가관계를 인정하듯이 제3자뇌물죄에도 포괄적 청탁 개념을 인정하는 해석론도 가능하다는 견해[163]가 있다.

그러나 제3자뇌물죄의 경우에는 금품을 제3자에게 공여하게 하는 것이므로, 예컨대 위법·부당하지 않은 직무행위를 하면서 공익목적으로 제3자를 지원하게 하는 경우처럼 그 대가관계를 인정하기가 애매한 경우도 있다. 제3자뇌물죄에 부정한 청탁 요건을 추가하게 된 것은 이처럼 단순한 뇌물수수죄와의 차별취급 필요성이 있었기 때문이다. 특히 기업활동을 함에는 정부와 관련된 현안이 있는 경우가 대부분이고, 대통령은 그 권한이 경제·재정활동 전반에 걸친 광범위한 것이므로 기업활동 전반에 걸쳐 직무상·사실상 영향력을 행사할 수 있는 지위에 있다.

그러므로 부정한 청탁의 대상인 직무의 내용을 명확히 특정하지 않더라도 '부정한 청탁'을 인정할 수 있다고 한다면, 기업 경영자가 대통령의 요청에 따라 공익 목적으로 제3자에게 금품을 공여하더라도 그 요청 이유나 경위를 따져봄이 없이 이를 해당 기업 현안에 대한 대통령 직무집행의 대가로 보아 부정한 청탁을 인정할 수 있게 된다. 이러한 결과는 대통령의 직무활동을 부당하게 제약하게 될 뿐만 아니라, 제3자뇌물죄의 처벌범위가 불명확해지지 않도록 하기 위해서 부정한 청탁이라는 구성요건을 추가한 입법취지에 반하고 죄형법정주의의 엄격해석원칙에도 위배되는 부당한 해석이다.

대통령 등 광범위한 사실상 영향력을 가진 정무직 고위 공직자에 한정하여 판례가 인정해 온 이른바 포괄적 뇌물죄 개념은 공무원이 직접 뇌물을 수수하는 뇌물수수죄에 한하여 뇌물죄의 대가관계를 거의 직무관련성과 같은 의미로 폭넓게 인정한 것일 뿐,[164) 제3자뇌물수수죄의 부정한 청탁 개념에 이를 적용할 것은 아니다. 삼성그룹 피고사건 및 최서원 피고사건의 각 상고심 판결 중 후술하는 '대법원 소수의견'도 같은 취지로 판시하고 있다.

이 사건의 경우 승계작업의 존재 여부나 부정한 청탁 인정 여부에 대한 판결은 심급 별로 법원마다 상이하여 이 사건의 유·무죄 판단에 영향을 미쳤다. 대통령 피고사건의 1심 판결이나 삼성그룹 피고사건의 항소심 판결은 승계작업의 존재 자체가 인정되지 않고 부정한 청탁도 이를 인정할 증거가 없다는 이유로 무죄 선고를 하였다.

이에 반하여 삼성그룹 피고사건의 1심 판결은 개별적 현안에 관한 부정청탁 사실은 인정하지 않았으나 포괄적 현안으로서의 승계작업의 존재와 이에 관한 부정청탁 사실을 인정하여 유죄 선고를 하였다. 그리고 대통령 피고사건의 항소심 판결은 포괄적 현안으로서의 승계작업의 존재 및 이에 관한 부정청탁 사실과 일부 개별적 현안에 관한 부정청탁 사실을 인정하였다.[165] 최종적으로 대법원은 대통령 피고사건의 항소심 판결과 마찬가지로 승계작업에 관한 부정청탁과 일부 개별 현안에 관한 부정청탁 사실을 인정하였다.[166]

아래에서는 법원이 삼성그룹 승계작업의 존재를 인정한 근거와 그 승계작업에 관한 묵시적 부정청탁 인정근거를 검토한 다음, 일부 개별 현안에 관한 묵시적 부정청탁 인정근거를 검토한다.

(2) 승계작업에 관한 부정청탁 인정의 부당성

대법원은 포괄적 현안으로서의 승계작업이 존재하였다고 판시한 주된 근거로 그 동안 이재용과 삼성그룹의 지배구조 개편 담당부서인 미래전략실(구 구조조정본부) 임원들이 그 승계작업을 지속적으로 추진해 왔고, 그 승계작업을 구성하는 개별적 현안들인 '삼성SDS 및 제일모직의 유가증권시장 상장', '삼성물산과 제일모직의 합병', '엘리엇 등 외국 자본에 대한 경영권 방어 강화 추진', '위 합병에 따른 신규 순환출자 고리 해소를 위한 삼성물산 주식 처분의 최소화', '삼성생명의 금융지주회사 전환계획에 대한 금융위원회 승인 추진' 등이 이재용의 삼성그룹 계열회사에 대한 지배력 확보에 직·간접적으로 유리한 영향을 미치는 효과가 있었던 점을 들고 있다.[167)]

위 '엘리엇 등 외국 자본에 대한 경영권 방어 강화 추진'이란 삼성물산과 제일모직이 2015년 5월 하순경부터 같은 해 7월 초순경까지 합병을 추진하는 과정에서 삼성물산의 주식을 보유한 해외펀드 엘리엇이 합병에 반대하며 삼성물산 주주총회에서 합병안 부결을 도모하고, 금융위원회나 공정거래위원회에 그 합병으로 인한 금융지주회사법위반, 신규 순환출자 고리 발생 등을 이유로 민원을 제기하며 합병을 방해한 경험을 바탕으로, 인수합병의 할성화 법률 제정, 주식 대량보유 보고의무 강화, 포이즌필 또는 차등의결권 제도의 도입 등을 추진하는 것을 말한다.

또한 이러한 포괄적 현안으로서의 승계작업의 존재를 전제로 이에 관한 **묵시적 부정청탁**을 인정한 법적 논리는 다음과 같다.[168)]

첫째, 제3자뇌물수수죄의 구성요건인 부정한 청탁의 대상인 공무원 직무행위의 내용은 구체적일 필요가 없고 공무원의 직무와 제3자에게 제공되는 이익 사이의 대가관계를 인

정할 수 있을 정도로 특정되면 충분하고, 부정한 청탁은 묵시적으로도 할 수 있다(판례).[169]

둘째, 대통령은 정부의 수반으로서 중앙행정기관의 장을 지휘·감독하여 정부의 중요정책을 수립·추진하는 등 모든 행정업무를 총괄하는 직무를 수행하고, 대형건설 사업 및 국토개발에 관한 정책, 통화, 금융, 조세에 관한 정책 및 기업활동에 관한 정책 등 각종 재정·경제정책의 수립 및 시행을 최종 결정하며, 소관 행정 각 부의 장들에게 위임된 사업자 선정, 신규사업의 인·허가, 금융지원, 세무조사 등 구체적 사항에 대하여 직·간접적인 권한을 행사함으로써 기업체들의 활동에 있어 직무상 또는 사실상의 영향력을 행사할 수 있는 지위에 있다.[170] 대통령의 이러한 포괄적 권한에 비추어 볼 때 대통령이 승계작업에 우호적 입장인지 부정적 입장인지는 승계작업의 성공 여부에 큰 변수가 되므로 대통령에게 부정청탁을 할 여지가 있다.

셋째, 승계작업에 관한 부정청탁이 명시적으로 이루어진 것은 아니지만, 이 사건 영재센터에 대한 후원금 지원이 승계작업에 관한 청탁의 대가라는 점에 대하여 대통령과 이재용 사이에 공통의 인식이나 양해가 있었으면(판례)[171] 묵시적인 부정청탁이 인정된다는 것이다.[172]

구체적 사안에서 제3자뇌물죄의 '부정한 청탁'이 있었는지 여부는 그 직무 혹은 청탁의 내용, 이익제공자와의 관계, 이익의 다과 및 수수 경위·시기 등 여러 사정을 고려하고, 나아가 '직무집행의 공정과 이에 대한 사회의 신뢰 및 직무수행의 불가매수성'인 뇌물죄의 보호법익에 비추어 그 이익의 수수로 인하여 사회 일반으로부터 직무집행의 공정성을 의심받게 되는지 여부도 함께 고려하여 판단해야 하는데(판례),[173] 법원이 이 사건에서 묵시적 부정청탁이 있었다고 본 구체적 근거는 다음과 같다.

즉, ① 삼성그룹의 지배권을 승계하는 이재용은 그룹 주요 계열사에 대한 지배권을 최대한 강화할 필요가 있었고, 이를 위해 다음과 같은 승계작업의 구체적 현안들을 추진하며 지배구조 개편작업을 해 왔던 점에 비추어 승계작업을 인정할 수 있다는 것이다. ② 영재센터에 대한 지원이 이루어진 2015년 10월부터 2016년 3월까지 사이에 승계작업의 일부를 이루는 '엘리엇 등 외국 자본에 대한 경영권 방어 강화 추진', '삼성물산과 제일모직의 합병에 따른 신규 순환출자 고리 해소를 위한 삼성물산 주식처분의 최소화', '삼성생명의 금융지주회사 전환계획에 대한 금융위원회 승인 추진'이 진행되고 있었다. 법원은 그밖에도 이 사건 이전에 상장 및 합병이 이루어진 '삼성SDS 및 제일모직의 유가증권시장 상장'과 '삼성물산과 제일모직의 합병'도 승계작업을 구성하는 개별 현안에 포함하고 있다. 이러한 구체적 현안들의 존재는 개별적으로 대통령의 직무와 대가관계가 특정되지는 않지만 승계작업에 관한 대통령의 직무행위와 영재센터에 제공되는 지원금 사이의 대가관계가 인정될 수 있을 정도로 승계작업이 특정된 것으로 볼 근거가 된다. ③ 대통령은 그 승계작업에 영향을 미칠 수 있는 지위와 직무권한을 갖고 있다. ④ 2015년 7월 25일 단독면담 당시 대통령과 이재용 사이에는 이재용의 승계작업이라는 현안과 관련하여 대통령의 우호적 입장에 대한 공통의 인식과 양해가 형성되어 있었다. ⑤ 대통령은 최서원의 요청에 따라 영재센터에 대한 지원 대상·규모·방식 등을 구체적으로 특정하여 요구했다. ⑥ 대통령과 이재용 사이에 영재센터라는 특정 단체에 대한 지원을 요청하고 받아줄 만한 인적관계가 없었는데, 이재용은 영재센터가 정상적인 공익단체가 아니라는 사실을 인식하면서도 큰 금액의 지원금을 별다른 검토 없이 요구받은 대로 지원하였다는 것이다.[174)]

이러한 대법원 다수의견에 대하여, 같은 판결 중 대법관 3인의 반대의견(이하 '대법원 소수의견'이라 함)은 앞 ②항 기재 개별 현안들의 진행이 승계작업을 위해 이루어졌다거나 그밖에 '이재용의 안정적 경영권 승계'라는 목표성을 갖는 승계작업이 존재한다고 볼 아무런 근거가 없다고 보았다.[175)]

대통령 피고사건의 1심 판결[176)]에서 판시하고 있는 것처럼 대법원 다수의견이 승계작업을 구성하는 내용으로 열거한 앞 ②항 기재 개별현안들은 다음과 같이 정작 이 사건 청탁의 대상으로 되지 않았던 사실에 비추어 보면, 이러한 현안들로 구성되는 승계작업이란 개념을 만들고 이를 이 사건 청탁의 대상으로 삼는 것도 부당하다.

즉, ㉠ 이 사건 2015년 7월 25일 단독면담 당시에는 외국계 펀드인 엘리엇의 반대에도 불구하고 이미 같은 달 17일 삼성물산 주주총회에서 제일모직과의 합병안건이 가결된 상태였으므로 삼성그룹이 '외국 자본에 대한 경영권 방어 강화 추진'을 대통령에게 청탁까지 해야 할 시급한 현안으로 보기 어렵고, 달리 대통령이 기업의 경영권 방어 문제에 관한 특별한 인식을 하고 있었다고 볼 증거가 없다. ㉡ '삼성물산과 제일모직의 합병에 따른 신규 순환출자 고리 해소를 위한 삼성물산 주식처분의 최소화' 문제는 2015년 7월 24일경 삼성그룹 측의 유권해석 의뢰에 따라 공정거래위원회가 삼성그룹 실무자들과의 법리해석에 관한 의견조정 과정을 거쳐 2015년 12월경 삼성그룹 측 희망에 따른 최종 유권해석(삼성SDI 보유 주식 500만 주 처분 필요)을 하였지만, 그것이 대통령에게 보고·전달되었다거나 대통령의 지시에 따른 것이라고 볼 증거가 없다. ㉢ '삼성생명의 금융지주회사 전환계획에 대한 금융위원회 승인' 문제는 그 승인의 전제로서 삼성생명이 금융지주회사로의 전환에 따라 보유 중인 삼성전자 주식을 언제까지 매각해야 할 것인지에 관하여 금융위원회가 2년 내로 매각해야 한다는 입장을 고수하자 2016년 4월경 삼성생명은 금융지주회사 전환계획 자체를 보류하게 되었는데, 그 과정에서 금융위원회 소속 공무원들이 청와대로부터 어떠한 지시나 의견을 받은 적이 없었다. 이 사건 이전에 이미 상장 및 합병이 이루어진 '삼성SDS 및 제일모직의 유가증권시장 상장'과 '삼성물산과 제일모직의 합병'이 이 사건 청탁의 대상으로 될 수 없음은 물론이다.

또한, 기업의 지배구조 개편은 경영목적을 포함하여 기업의 합목적성을 추구하여 행해지는 것이고 이사회·주주총회 등 내부절차는 물론 외부의 회계감사나 금융감독 당국의 감시 아래 이루어지는 것이므로 앞 ①항 기재와 같이 그 동안 삼성그룹이 지배구조 개편작업을 해 온 것을 승계작업만을 위한 것으로 보는 것도 부당하다.

앞 ③항 기재와 같이 대통령이 포괄적 현안으로서의 승계작업에 영향을 미칠 수 있는 포괄적 지위와 직무권한을 갖고 있다는 논거는 포괄적 대가관계를 인정할 수 없는 제3자뇌물죄에서 이를 '부정한 청탁'의 대가관계 인정근거로 삼을 수 없다. 앞에서 설명한 것처럼 제3자뇌물죄는 '부정한 청탁'을 요건으로 하므로 청탁 대상 직무행위의 내용이 명확히 특정되지 않는 포괄적 대가관계는 허용될 수 없기 때문이다. 그런데 이 사건의 경우 포괄적 현안으로서의 승계작업이란 것은 위와 같이 그 내용이 무엇인지 명확하지 않아 청탁 대상인 대통령의 직무행위가 명확히 특정되었다고 할 수 없다.

앞 ④항 기재내용, 즉 대통령과 이재용 사이에 승계작업이라는 현안과 관련하여 대통령의 우호적 입장에 대한 공통의 인식과 양해가 형성되어 있었다는 것은 재판부의 추측에 불과할 뿐 증거에 의해 인정된 사실이 아니다.

앞 ⑤항 기재와 같이 대통령이 최서원의 요청에 따라 영재센터에 대한 지원 대상·규모·방식 등을 구체적으로 특정하여 요청하였다고 하더라도, 대통령이 최서원의 영재센터를 통한 사익추구를 알면서 이를 돕기 위해 그러한 요청을 한 것이 아닌 한 이를 부정청탁의 근거로 볼 일도 아니다.

앞 ⑥항 기재와 같이 이재용이 특별한 인적관계가 없는 대통령의 요구에 따라 큰 금액의 후원금을 별다른 검토 없이 요구받은 대로 지원했다 하더라도, 그 후원금을 대통령 직무행위의 대가로 단정할 수 없다. 그 이유는 삼성그룹은 1997년부터 대한빙상경기연맹 회장사를 맡아 동계스포츠에 대한 적극적인 후원을 해 왔고, 삼성전자의 이건희 회장은 2011년 당시 국제올림픽위원회(IOC) 위원으로서 2018년 개최되는 동계올림픽을 평창에 유치하는 데 큰 기여를 하였으며, 이 사건 당시 삼성전자는 IOC의 올림픽마케팅 파트너로서 평창 동계올림픽의 주요 후원사였다.[177] 그러므로 이재용은 부친인 이건희 회장에 이어 삼성그룹을 경영하는 자로서 부친의 뜻에 따라 우리나라 동계스포츠의 발전을 위한 후원에 적극적으로 나설 만한 동기가 있었고, 대통령의 당부도 있었던 만큼 큰 금액의 지원금을 별다른 검토 없이 요구받은 대로 지원할 수도 있었을 것이기 때문이다.

이 사건의 경우처럼 대통령이 먼저 기업인에게 국정수행이나 정부시책에 협조를 구한다는 명분으로 기업으로 하여금 공익 단체를 후원하도록 요청하는 경우에는, 기업인 입장에서는 특별히 청탁할 일이 없더라도 그 후원취지에 공감한다거나 호의적 관계를 유지하고자 하는 등의 여러 가지 동기로 그 요청에 따를 수 있다. 특히 삼성그룹은 2014년 이후 매년 약 5,200억 원 이상의 기부금을 다수의 공익재단에 출연해 오고 있었는데,[178] 삼성전자와 같은 대기업의 경우에는 이러한 자금을 기업수익 사회 환원의 일환으로 사용한다거나, 대통령의 권한과 영향력을 의식하여 막연히 호의적 관계를 유지하는 등 직무집행의 대가와는 무관한 동기로 사용할 수도 있는 것이다.

이 사건의 경우 대통령은 2018년 평창동계올림픽의 후원사인 삼성전자로 하여금 동계올림픽에 대비하여 동계스포츠 메달리스트들이 동계스포츠 영재들을 육성하기 위한 공익법인인 영재센터에 후원금을 지원하도록 요청한 것이다. 대통령의 이러한 요청은 대통령으로서 마땅히 해야 할 일이고 어떠한 직무행위의 대가로 요구할 일이 아니다.

다만, 그 후원금 요청 당시 영재센터가 사실은 최서원의 사익추구를 위해 설립·운영되는 법인이고 대통령이 그 사실을 알면서 그러한 요청을 한 것이라면 어떠한 직무행위의 대가로 요청하는 것으로 볼 여지가 있겠지만, 대통령의 그러한 인식을 증명할 만한 증거는 보이지 않는다. 법원 판결에 의하면, 최서원은 2018년 평창 동계올림픽과 연계하여 정부예산을 배정받고 기업들로부터 후원금 명목으로 자금지원을 받을 계획으로 동계스포츠 메달리스트들을 내세워 2015년 7월 14일 영재센터(비영리 사단법인)를 설립하고, 자신의 조카 장시호에게 그 운영을 맡겼다는 것이다.[179] 그러나 최서원이 주도적으로 공익 목적의 영재센터를 설립하고 자신의 조카에게 운영을 맡겼다는 사실만으로는 영재센터가 최서원의 사익추구를 위해 설립된 것으로 단정하기는 어려울 것이다. 따라서 삼성전자가 영재센터에 제공한 후원금 지원이 대통령의 어떠한 직무행위와 대가관계에 있다거나 그 대가관계에 관하여 대통령과 이재용 사이에 공통의 인식이나 양해가 있었다고 볼 수도 없다. 따라서 삼성전자의 이 사건 영재센터 지원에 묵시적 부정청탁이 있었다고 본 법원의 판단은 논리칙·경험칙에 반하는 사실인정이다.

결국 대법원 다수의견은 뇌물수수죄에 적용하는 '포괄적 뇌물죄' 개념을 근거 없이 제3자뇌물죄에 확대적용하고, 영재센터에 제공한 후원금을 대통령 직무행위의 대가로 볼 근거가 없음에도 불구하고 무리하게 '묵시적 부정청탁'을 인정하여 포괄적 현안으로서의 승계작업에 대한 묵시적 부정청탁을 인정한 잘못이 있다.

(3) 일부 개별 현안에 관한 부정청탁 여부

법원은 '외국자본에 대한 경영권방어 강화', '삼성바이오로직스 상장', '투자유치 및 환경규제 완화 등 바이오사업 지원 현안'에 대해서는 그에 관한 대통령의 직무와 이 사건 영재센터 후원금 지원(그 중 '투자유치 및 환경규제 완화 등 바이오사업 지원 현안'에 대해서는 2016년 2월 15일 단독면담 이후의 영재센터 후원금 10억 7,800만 원 지원에 한정)과의 대가관계가 있다고 보고 그 개별 현안에 관한 묵시적 부정청탁이 인정된다고 판시하였다.[180]

그 인정근거에 관하여는 이재용이 엘리엇과 같은 외국자본에 대한 경영권 방어를 강화할 수 제도적 장치로서 기업 간 소규모 합병 시 주주총회결의 없이 이사회 결의만으로 가능케 하는 법률의 제정, 주식 대량보유 시 금융위원회 등 보고 의무 강화, 포이즌필 및 차등의결권 제도 도입을 위해 노력해 온 점, 이재용이 삼성그룹의 집중육성 사업으로 바이오 사업을 택하고 바이오 의약품을 생산하는 삼성바이오로직스의 성공을 위해 집중적 노력을 기울였는데, 그 경쟁력 향상을 위해서는 환경분야의 규제완화, 외국인투자 유치를 위해 외국인투자기업에 대한 각종 세제지원 등이 필요한 점, 이재용이 2016년 2월 15일 대통령과의 단독면담 당시 "2018년 바이오 제약 제조 부분에서 세계 1위를 목표로 하고 있고, 제조 및 바이오시밀러에서 신약개발까지 사업을 확대하여 최종적으로 혁신적 신약개발을 이루어내겠다."고 말한 점을 들고 있을 뿐, 그밖에는 별다른 근거제시가 없다.[181]

그러나 '외국자본 대비 경영권방어 강화' 문제는 엘리엇을 비롯한 외국계 단기 자본에 대한 국내의 부정적 시각과 국내기업의 경쟁력 강화를 위해 학계에서도 활발하게 논의되던 문제였고, 삼성그룹만이 아닌 재계 일반의 문제였으므로[182] 이를 청탁의 대상으로 삼을 필요가 없었다. '삼성바이오로직스의 상장' 문제는 삼성바이오로직스가 처음에는 상장이 용이한 미국 나스닥시장에 상장할 것을 검토하였으나, 금융위원회 위원장 및 한국거래소 등이 내국인 투자자를 위해 한국거래소에 상장할 것을 권유했던 사실[183]에 비추어 보더라도 삼성그룹이 대통령에게 청탁할 만한 사항이 아니었음은 분명하다. '투자유치 및 환경규제 완화 등 바이오사업 지원' 문제는 당시 바이오 등 보건의료산업은 미래의 먹거리로서 신성장동력으로 육성함이 국가정책이었음에 비추어[184] 이 역시 청탁의 대상으로 삼을 필요가 없었다.

따라서 이러한 개별 현안들은 대통령에 대한 청탁의 대상으로 삼을 만한 일이 아님에도 불구하고, 그에 관한 대통령의 직무행위와 이 사건 영재센터 후원금 지원과의 대가관계를 인정하여 묵시적 부정청탁을 인정한 법원 판결은 부당하다.

라. 영재센터 지원 사건은 직권남용죄인가?

법원은 대통령의 이재용에 대한 영재센터 후원금 지원 요청을 대통령이 최서원과 공모하여 대통령으로서의 직권을 남용하여 의무 없는 일을 하게 한 것으로 보아 직권남용죄로도 의율하였다. 이에 대하여 대통령은 최서원과의 공모사실을 부인함은 물론 2015년 7월 25일 이재용과의 단독면담 당시 영재센터에 대한 후원금 지원 요청을 한 적이 없다고 주장하고 있다.

다만, 이재용은 위 면담 당시 대통령이 2018년 평창 동계올림픽에 대비하여 '동계올림픽 메달리스트들을 활용하는 사업'을 지원해 줄 것을 당부했다는 취지의 진술을 하고 있으므로, 당시 이 정도의 후원 요청은 있었던 것으로 보아야 할 것이다. 그러므로 대통령의 이러한 행위가 직권남용에 해당하는지 여부와 대통령과 최서원의 공모사실이 인정되는지가 문제된다.

우선 직권남용에 해당하는지 여부를 검토해 본다. 이 사건은 최서원이 2018년 평창 동계올림픽과 연계하여, 2015년 7월 14일 동계스포츠 메달리스트들이 재능 있는 아동들을 선수로 육성하는 사업을 목적으로 하는 공익법인인 영재센터를 설립하여 자신의 조카에게 운영을 맡기고, 기업들로부터 후원금을 받아 그 운영자금으로 사용하고자 대통령을 통하여 삼성전자로부터 이 사건 16억 2,800만 원의 후원금을 받은 사안이다.

법원은 영재센터가 최서원의 사익추구 단체라고 판시하고 있지만, 그것은 최서원이 영재센터의 설립을 주도하고 운영진을 구성한 사실에 근거한 판단일 뿐 위 후원금이 어떻게 사적 용도로 사용되었는지 등 실제로 법인설립 목적에 반하여 사적으로 운영되었는지까지는 판결문에 언급되어 있지 않다. 또한 최서원에게 그러한 사익추구 의도가 있었다고 하더라도 대통령이 이 사건 단독면담이나 그 후의 후원금 지원 당시 최서원이 영재센터를 통해 사익을 추구하려 한 점을 알았는지 여부에 대하여는 아무런 증명이 없다.

앞 1의 나. (1)항(p.83~89) 기재와 같이 직권남용이란 공무원이 일반적 직무권한에 속하는 사항에 관하여 그 직권을 행사하는 모습으로 실질적·구체적으로 위법·부당하게 권한을 행사하는 것을 말한다. 또한 직권남용에 해당하는가를 판단하는 기준은 구체적인 공무원의 직무행위가 본래 법령에서 그 직권을 부여한 목적에 따라 이루어졌는지, 직무행위가 행해진 상황에서 볼 때 필요성·상당성이 있는 행위인지 등을 종합하여 판단해야 한다. 공익법인인 영재센터를 위한 후원 요청 자체가 위법·부당한 일은 아니므로 그것을 직권부여 목적에 반하는 대통령 직권남용 행위로 보려면 대통령이 그 후원 요청 당시 영재센터가 최서원의 사익추구 목적으로 설립·운영되는 사실을 알면서 이를 도우려는 행위로 볼 수 있었어야 한다. 이러한 점이 증명되지 않는 한 대통령의 직권남용을 속단해서는 안 될 것이다.

법원은 대통령과 최서원이 이 사건 직권남용을 공모하였다고 하면서 그 근거로 ① 최서원이 대통령과 이재용 등 대기업 총수들의 단독면담에서 이루어지는 대화의 대략적인 내용을 알고 있었던 점, ② 최서원이 대통령과 이재용의 단독면담 일정을 미리 파악하여 대통령에게 영재센터 관련 사업계

획안 등 문건을 전달하면서 영재센터에 관한 이재용의 지원을 부탁한 점을 듣고 있을 뿐이다.[185)]

그러나 대통령은 이 사건 당시 최서원으로부터 영재센터에 관한 부탁을 받거나 영재센터의 사업계획안 등 문건을 받은 적도 없다고 주장하고, 최서원의 진술도 이에 부합하고 있다. 또한 평소 청와대 출입이 잦고 정호성 비서관 등 대통령 주변 인물들을 알고 지내는 최서원이 대통령의 대기업 총수들과의 면담 대화내용을 대략적으로 알고 있었다거나 그 면담 일정을 미리 파악하고 있었다는 것만으로 대통령이 영재센터가 최서원의 사익추구 목적 단체임을 알았다거나, 그 사익추구를 돕기 위해 이재용에게 이 사건 후원 요청을 할 것을 최서원과 공모하였다고 단정하는 것은 논리의 비약이다.

따라서 법원이 직권남용죄를 유죄로 인정한 것은 직권남용 행위의 해석을 그르친 것이고, 대통령과 최서원의 공모사실을 인정한 것은 논리칙·경험칙에 반하는 증거가치의 판단이다.

120) 뇌물죄(최서원 게이트 형사재판에서 문제되는 뇌물수수죄, 제3자뇌물수수죄, 제3자뇌물요구죄, 뇌물공여죄, 제3자뇌물교부죄 등 포함하는 광의의 개념) 중 그 수뢰액이 3천만 원 이상인 경우에는 그 수뢰액수에 따라 「특정범죄 가중처벌 등에 관한 법률」 제2조를 적용하여 가중처벌하고 있다. 최서원 게이트 형사재판의 뇌물죄가 이에 해당한다.

121) 대법원 2017. 3. 15. 선고 2016도19659.

122) 대통령 피고사건의 상고심 판결(2018도14303); 최서원 피고사건의 상고심 판결(2018도13792); 삼성그룹 피고사건의 상고심 판결(2018도2738).

123) 정승환, "2019년 형법 중요판례평석", 인권과 정의 제488호(대한변호사협회, 2020. 3.), 59면.

124) 대법원 1998. 9. 22. 선고 98도1234; 김교창, "삼성 이재용의 마필 제공이 뇌물공여죄에 해당되는지 여부", 판례연구 제33집 제2권(서울지방변호사회, 2020), 295면.

125) 대법원 2016. 6. 23. 선고 2016도3540.

126) 이 논거는 공동정범의 본질이 기능적 행위지배에 있음을 논거로 대법원의 다수의견을 지지하는 학설에 대한 비판 논거가 될 수 있을 것이다.

127) 최서원 게이트 형사재판 중 삼성그룹의 영재센터 지원 사건에서 법원은 대통령과 최서원에 대하여 제3자뇌물수수죄의 공동정범이 성립한다고 판시하였는데, 그러한 공동정범 유형을 말하는 것이다.

128) 최정학, "뇌물죄와 제3자 뇌물제공죄에서 '대가관계'와 '청탁'의 요건", 형사법연구 제30권 제3호(한국형사법학회, 2018), 130면.

129) 임상규, "'삼성 이재용 재판'이 남긴 몇 가지 쟁점", 법학논고 제70집(경북대학교 법학연구원, 2020년 7.), 254~255면.

130) '사실상 1인회사'란 회사의 주주 등 구성원이 형식적으로는 2인 이상이지만 실질적으로는 1인이 주식 등 지분을 전부 소유하여 회사를 지배하고 있는 회사를 말한다[최준선, 「회사법」(삼영사, 2021), 77면].

131) 대법원 2019. 8. 29. 선고 2018도2738.

132) 대통령 피고사건의 1심 판결(서울중앙지법 2017고합364-1); 최서원 피고사건의 항소심 판결(서울고법 2018노723-1); 삼성그룹 피고사건의 항소심 판결(서울고법 2017노2556).

133) 최서원 피고사건의 상고심 판결(2018도13792).

134) 대통령 피고사건의 파기환송심(2019노1962), 41~42면.

135) 한석훈, 앞의 「비즈니스범죄와 기업법」, 201면.

136) 대법원 2010. 7. 15. 선고 2010도3544; 2007. 4. 26. 선고 2007도235.

137) 대법원 2008. 4. 10. 선고 2008도1274.

138) 임상규, 앞의 논문, 253면.

139) 대법원 2005. 11. 10. 선고 2004도42; 윤재식, 앞의 책, 195면. 이러한 통설·판례의 입장에 대하여 형법 제129조 제1항에서는 뇌물수수죄의 구성요건으로 '직무관련성'만 요구할 뿐 대가관계는 요구하지 않으므로 직무와 뇌물 사이의 인과관계만 있으면 충분하다고 보는 소수설(오영근, 앞의 책, 698면; 최정학, 138면)도 있다. 그러나 독일 형법 제331조 제1항의 이익수수죄(즉, 뇌물수수죄)의 경우 1997년 형법 개정으로 '대가'란 요건이 삭제되고 '직무수행에 대한 이익을 수수한 때'로 대체되었지만 그 해석상 완화된 대가관계가 요구되는 것으로 해석함이 통설적 견해라고 한다[허황, "뇌물죄의 비교법적 고찰 -독일형법에 비추어 본 뇌물죄의 직무관련성과 대가관계-", 비교형사법연구 제20권 제1호(한국비교형사법학회, 2018), 108면].

140) 최정학, 앞의 논문, 132면.

141) 대법원 2005. 11. 10. 선고 2004도42.

142) 대통령 피고사건의 1심 판결(서울중앙지법 2017고합364-1).

143) 대통령 피고사건의 항소심 판결(서울고법 2018노1087).

144) 대통령 피고사건 항소심 판결(서울고법 2018노1087).

145) 대통령에 대한 1심 판결(서울중앙지법 2017고합364-1), 406면.

146) 대통령에 대한 1심 판결(서울중앙지법 2017고합364-1), 406면.

147) 삼성그룹 피고사건 항소심 판결(서울고법 2017노2556).

148) 삼성그룹 피고사건의 상고심 판결(2018도2738).

149) 대법원 2013. 4. 25. 선고 2011도9238("회사가 기업활동을 하면서 형사상의 범죄를 수단으로 하여서는 안 되므로 뇌물공여를 금지하는 법률 규정은 회사가 기업활동을 할 때 준수하여야 하고, 따라서 회사의 이사 등이 업무상의 임무에 위배하여 보관 중인 회사의 자금으로 뇌물을 공여하였다면 이는 오로지 회사의 이익을 도모할 목적이라기보다는 뇌물공여 상대방의 이익을 도모할 목적이나 기타 다른 목적으로 행하여진 것이라고 보아야 하므로, 그 이사 등은 회사에 대하여 업무상횡령죄의 죄책을 면하지 못한다.")

150) 최서원 피고사건 및 삼성그룹 피고사건의 각 상고심 판결(2018도13792, 2018도2738).

151) 최서원 피고사건 및 삼성그룹 피고사건의 각 상고심 판결(2018도13792, 2018도2738)의 소수의견.

152) 삼성그룹 피고사건의 항소심 판결(2017노2556).

153) 삼성그룹 피고사건의 상고심 판결(2018도2738), 39면.

154) 삼성그룹 피고사건의 항소심 판결(2017노2556).

155) 대법원 2013. 2. 21. 선고 2010도10500 전원합의체; 한석훈, 앞의 「비즈니스범죄와 기업법」, 390면.

156) 대법원 2004. 12. 9. 선고 2004도5904; 대법원 1998. 2. 24. 97도3282.

157) 한석훈, 위의 책, 390면.

158) 한석훈, 위의 책, 118면 각주40.

159) 團藤重光 編, 「註釋刑法(4) 各則(2)」, 有斐閣(1965), 418면(일본 형법 제197조 제1항 후단의 단순 뇌물죄 가중처벌 요건인 '청탁을 받은 때'의 '청탁' 개념에 관한 해설).

160) 西田典之 외 2人 編, 「注釋刑法 第2卷 各論(1)」, 有斐閣(2016), 792면.

161) 최정학, 앞의 논문, 135면.

162) 임상규, 앞의 논문, 257~258면.

163) 최정학, 앞의 논문, 136면.

164) 설민수, "한국과 미국에서 공직자의 금품수수행위에 대한 형사제재의 비교 -뇌물죄의 구조적 한계와 부정청탁 및 금품 등 수수의 금지에 관한 법률의 역할을 중심으로-", 「사법」 제1권 제39호(사법발전재단, 2017), 15면; 임상규, 앞의 논문, 257면.
165) 대통령 피고사건(2018노1087), 116, 136면.

166) 대통령 피고사건, 최서원 피고사건 및 삼성그룹 피고사건의 각 상고심 판결(2018도14303, 2018도13792, 2018도2738).

167) 삼성그룹 피고사건의 1심 판결(2017고합194).

168) 삼성그룹 피고사건의 상고심 판결(2018도2738).

169) 청탁의 대상인 직무행위의 내용은 구체적일 필요가 없고 묵시적인 의사표시라도 무방하며, 실제로 부정한 처사를 하였을 것을 요하지도 않는다(대법원 2007. 1. 26. 선고 2004도1632).

170) 대법원 1997. 4. 17. 선고 96도3377 전원합의체(대기업 회장 등의 노태우 대통령에 대한 뇌물공여 사건).

171) 대법원 2009. 1. 30. 선고 2008도6950.

172) 삼성그룹 피고사건 및 최서원 피고사건의 각 상고심 판결(2018도2738; 2018도13792).

173) 대법원 2017. 3. 15. 선고 2016도19659; 2007. 1. 26. 선고 2004도1632.

174) 최서원 피고사건의 상고심 판결(2018도13792).

175) 최서원 피고사건 및 삼성그룹 피고사건의 각 상고심 판결(2018도13792, 2018도2738).

176) 대통령 피고사건의 1심 판결(서울중앙지법 2017고합364-1), 532-540면, 544-548면.

177) "이건희 회장, 평창 올림픽 등 '한국 스포츠' 발전에도 그가 있었다" 서울신문(2020.10.25.), 사회면, https://www.seoul.co.kr/news/newsView.php?id=

20201025500054&wlog_tag3=naver(2021.1. 28.확인); "'故 이건희' 삼성 스포츠 왕국도 종언을 고한 걸까", 노컷뉴스(2020.10.26.), 스포츠면, https://www.nocutnews.co.kr/news/5435105(2021.2.8.확인); "생전에 흘렸던 두 번의 눈물…재판과평창", 연합뉴스(2020.10.25), 뉴스홈, https://www.yna.co.kr/view/AKR20201025032600003?input=1195m(2021.2.6.확인); "삼성전자, 2018 평창동계올림픽 - 2020 도쿄올림픽 공식 후원", 스포츠서울(2014.8.17.), http://www.sportsseoul.com/news/read/97015(2021.2.6.확인); "'평창올림픽 후원' 삼성전자, 성화봉송 1천500여명 선발", 연합뉴스(2017.4.18.), 뉴스홈, https://www.yna.co.kr/view/AKR20170418045000003?input=1195m(2021.2.6.확인).

178) 삼성그룹 피고사건의 1심 판결(2017고합194).

179) 대통령 피고사건의 항소심 판결(2018노1087).

180) 대통령 피고사건의 파기환송심(2019노1962), 47~48면.

181) 대통령 피고사건의 파기환송심(2019노1962), 105~107면.

182) 한석훈, "연기금의 주주 의결권행사와 배임죄 -서울고등법원 2017년 11. 14일 선고 2017노1886 판결-", 법조 제68권 제2호(법조협회, 2019.4.28.), 609면.

183) 조동근, "삼성바이오로직스가 나스닥에 상장되었다면…", 위키리크스한국(2018.11.26.), 경제면, http://www.wikileaks-kr.org/news/articleView.html?idxno=41584(2021.4.13.확인).

184) "박근혜 대통령 '미래 신성장 동력 보건의료산업 지속 육성'", 약사공론(2015.4.8.), https://www.kpanews.co.kr/article/show.asp?idx=162351(2021.4.13.확인).

185) 최서원 피고사건의 상고심 판결(2018도13792).

3. SK그룹의 가이드러너 지원 사건

가. 부정한 청탁의 존재 여부

법원은 대통령이 2016년 2월 16일 이 사건 단독면담 당시 SK그룹 최태원 회장으로부터 ①'워커힐 면세점 신규특허 발행절차를 신속히 진행해 달라', ②'CJ헬로비전과의 기업결합 승인 신청에 대해 신속히 결론을 내달라', ③'회장 동생이 형기만료 전에 조기석방 될 수 있도록 배려해 달라'는 **명시적 부정청탁**을 받고 케이스포츠의 가이드러너 사업을 위해 89억원을 제공하도록 요구한 것으로 보았다. 그러므로 이 사건은 제3자뇌물요구죄의 구성요건 중 공무원의 직무에 관한 부정한 청탁이 있었는지 여부가 문제된다. 위 청탁이 대통령의 위법·부당한 직무집행을 요구하는 것은 아니므로 그 직무집행의 대가로 가이드러너 사업 지원을 요구한 것인 경우에 부정한 청탁이 인정될 수 있을 것이다.

이에 대해 대통령 피고사건의 1심 판결에서는 '묵시적인' 부정한 청탁이 있었다고 보았고, 그 항소심 판결 및 상고심 판결에서는 '명시적인' 부정한 청탁이 있었다고 보았다. 위 1심 법원은 SK그룹 회장 발언의 내용 및 표현에 비추어 볼 때, '신속하게 결론을 내주시는 것이 모두에게 좋을 것 같다'고 말한 앞 ② 기재 사항만 명시적으로 청탁했다고 볼 수 있고 앞 ①, ③ 기재 사항은 SK그룹의 애로사항을 밝힌 것에 불과할 뿐 명시적 청탁에 해당하지 않는 것으로 보았다.[186] 또한 이 사건의 경우 명시적 부정청탁이 인정되려면 청탁뿐만 아니라 대가관계에 관한 의사표시도 명시적으로 이루어져야 하는데, 앞 ② 기재 사항조차 대가관계가 명시적으로 표시되지 아니하여, 결국 명시적 부정청탁은 인정되지 않는 것으로 보았다.[187] 그러나 1심 법원은 대통령이 위 현안들에 관해 자신이 영향을 미칠 수 있는 권한과 지위를 갖고 있다는 점, SK그룹이 그 현안 해결을 위해 자신의 도움을 필요로 하는 상황이라는 점을 인식하면서 SK그룹에 가이드러너 사업의 지원을 요청한 것이므로 당시의 정황에 비추어 보면 위 대가관계에 관한 상호 인식이 있었던 것으로 보고 묵시적인 부정청탁을 인정할 수 있다고 판시했다.[188]

그리고 위 항소심 법원은 명시적 청탁이 있었고 위 대가관계에 관한 상호 인식이 가능하였다면 대가관계는 명시적으로 표시하지 않았더라도 명시적 부정청탁을 인정할 수 있다고 전제하고 있는 점에서 1심 법원과는 다른 입장을 보였다.[189] 나아가 앞 ①, ②, ③ 기재 사항 모두에 관하여 최태원 회장의 명시적 청탁이 있었다고 보았다. 또한 항소심 법원은 대통령이 '최서원이 주도적으로 설립·운영한 더블루케이의 이익을 위하여 최서원의 사적 부탁에 따라 더블루케이가 기획하여 진행하는 가이드러너 사업에 대한 지원을 요구한 점'을 감안하면 그 지원요구와 위 현안들에 관한 대통령 직무행위와의 대가관계도 인정된다고 보고 명시적 부정청탁이 있었음을 인정하였다.[190]

그러나 케이스포츠는 스포츠 발전을 목적으로 하는 공익재단이고 가이드러너 양성사업이란 시각장애인 선수의 경기에 참여하여 선수를 돕는 도우미를 양성하는 공익사업이므로, 대통령이 기업에 그 가이드러너 양성사업 지원을 요청하는 일은 그 대가관계를 명시적으로 밝히지 않는 한 어떠한 직무집행의 대가로 볼 만한 일은 아니다. 이는 대통령이 최서원의 부탁에 따랐다거나 그 사업이 더블루케이가 기획하여 진행하는 사업이라 할지라도 마찬가지이다.

다만, 케이스포츠로부터 그 사업 관련 용역을 수주하는 더블루케이는 최서원이 실질적으로 설립·운영하는 기업이므로, 대통령이 그러한 사실을 알면서 최서원의 사익추구를 지원하기 위하여 최태원 회장에게 가이드러너 양성사업의 지원을 요청한 것이라면 위 직무집행의 대가로 볼 여지가 있을 것이다. 특히 최서원은 제3자를 더블루케이의 대표이사로 하고 그 주식도 타인 명의로 보유하고 있었으므로, 그럼에도 불구하고 대통령이 더블루케이의 실질적 운영주가 최서원임을 알고 있었다는 점은 검사가 증명해야 할 것이다.

그런데 법원은 이점에 관하여 "대통령이 SK그룹 회장에게 더블루케이가 진행하는 가이드러너 사업에 대한 지원을 요구한 것이 장애인체육진흥을 위한 순수한 의미의 협조(요구)로 보기 어렵다."고 언급하고, 그밖에 SK그룹이 이 사건으로 처음 요구받은 89억 원 중 30억 원만 지원하기로 한 점을 "이 사건으로 형사처분을 받는 등 SK그룹 측이 받을 더 큰 불이익을 피하기 위한 것으로 보인다."고 해석하면서 이를 근거로 위 사업지원과 대통령 직무집행과의 대가관계를 인정하고 부정한 청탁을 인정하였다.[191)]

만약 대통령이 더블루케이의 실질적 운영주가 최서원인 사실 등 최서원의 사익추구 사실을 알지 못했다면, 가이드러너 사업에 대한 지원 요구는 장애인체육의 진흥을 위한 순수한 의미의 협조요구로 보아야 할 것이다.

또한 위 지원금 수수가 제3자뇌물수수죄가 된다면 그 수수금액이 89억 원이든 30억 원이든 형사처분 유무가 달라질 리 없음에 비추어 보면, 그 지원금액이 줄어든 것은 SK그룹 측이 가이드러너 사업내용을 평가한 결과로 보아야 할 것이지 형사처분을 받을 것이 우려되어서라고 단정할 것은 아니다. SK그룹 내부의 보고내용도 케이스포츠의 89억 원 지원요청에 대하여, “케이스포츠 측에서 준비한 자료가 아무런 내용이 없고, 요청하는 금액도 터무니없이 많아서 자금을 지원하는 것이 쉽지 않다.”고 보고하여, 그 지원금의 감액을 제안하게 된 것이라고 한다. 이처럼 SK그룹이 가이드러너 사업의 내용을 검토하여 그 사업지원 금액을 감액한 점은 그 사업지원을 대통령 직무와 대가관계에 있는 것으로 보지 아니한 증거이기도 하다.[192)]

따라서 대통령이 가사 이 사건 당시 최태원 회장으로부터 청탁을 받았다 하더라도 더블루케이의 실질적 운영주가 최서원인 사실 등 최서원의 사익추구 사실을 알았다는 점에 대한 증명이 없는 이 사건의 경우, 위 사업지원과 대통령 직무집행과의 대가관계가 인정되지 않으므로 부정한 청탁이 있었다고 보기 어렵다.

더군다나 대통령은 케이스포츠로부터 가이드러너 양성 사업의 연구용역을 받을 예정인 더블루케이가 실제로는 최서원이 설립하여 운영하는 회사라는 사실을 이 사건 당시 알지 못하였다고 주장하고 있다. 앞 1의 마.(3)항(p.113,114) 기재와 마찬가지로 대통령이 자신이 신뢰하는 최서원이 추천하는 더블루케이를 유망한 스포츠관리 중소기업으로 알고 관련 업체에 소개하는 등 도움을 준 점만으로, 최서원이 실질적으로 더블루케이를 설립·운영하면서 스포츠 관련 용역을 수주하여 사익추구를 할 수 있는 관계에 있는 사실까지 대통령이 인식하고 있었다고 단정할 수는 없을 것이다.

나. 부정한 청탁을 '받았는지' 여부

다음은 대통령이 이 사건 당시 SK그룹 최태원 회장으로부터 위와 같은 명시적 또는 묵시적 청탁을 '받은' 것인지를 검토해 보자. 형법 제130조의 제3자뇌물요구죄 등 제3자뇌물죄의 구성요건인 공무원이 그 직무에 관하여 '부정한 청탁을 받고'란 '부정한 청탁을 받아 이를 승낙하고'의 뜻이다.[193] 그 청탁을 거절하거나 무시하였다면 뇌물죄의 보호법익인 '직무집행의 공정과 이에 대한 사회의 신뢰(및 직무수행의 불가매수성)'의 침해 위험도 인정할 수 없기 때문이다.

이 사건 단독면담은 대통령이 최태원 회장에게 종전 미르와 케이스포츠 설립 시의 설립자금 출연에 감사를 표하기 위해 마련된 자리이므로 자연스레 재계의 어려움을 듣고 정부 차원의 합법적 지원방안도 모색하는 자리였다. 그 자리에서 대통령은 감사표시와 함께 계속하여 케이스포츠의 가이드러너 양성

사업에 관해서도 SK그룹이 '도와주면 좋겠다'고 말하였을 뿐이다. 최태원 회장은 대통령에게 SK그룹의 애로사항으로 '면세점 탈락 이후 직원들의 고용이 걱정이다'(앞 가.항 ① 기재 사항), SK브로드밴드와 CJ헬로비전의 합병심사와 관련하여 '신속하게 결론을 내주시는 것이 모두에게 좋을 것 같다'(앞 가.항 ② 기재 사항), 동생의 형 집행과 관련하여 '동생이 아직 못 나와서 제가 조카들 볼 면목이 없다'(앞 가.항 ③ 기재 사항)고 말하였다.[194] 이에 대통령은 "면세점 제도개선 방안을 마련 중이다.", (위 합병 심사에 대하여) "알겠다."고만 답변하였고, 회장 동생의 석방건에 대하여는 아무런 답변도 하지 않았다.

그런데 대통령 피고사건의 항소심 및 상고심 법원은 이러한 사실만으로 대통령이 최태원 회장으로부터 '워커힐 면세점 신규특허 발행절차를 신속히 진행해 달라', 'CJ헬로비전과의 기업결합 승인 신청에 대해 신속히 결론을 내달라', '회장 동생이 형기만료 전에 조기석방 될 수 있도록 배려해 달라'는 명시적인 청탁을 받아 이를 승낙한 것으로 보았다.

그러나 워커힐 면세점특허의 재취득 문제에 관해서는 앞 1의 마.(2)항(p.108~110) 기재와 같이 2015년 11월경 롯데그룹의 월드타워 면세점과 SK그룹의 워커힐 면세점이 특허재승인 심사에서 탈락한 이후, 사회의 비판 여론이 비등하여 대통령은 이미 2016년 1월경 경제수석비서관 안종범에게 시내면세점 신규특허의 추가발급을 신속히 검토하라고 지시하였다. 안종범은 기획재정부 관세제도과장에게 같은 해 3월 안에 이러한 면세점 제도개선 대책을 반드시 시행할 수 있도록 추진하라고 지시하였고, 이에 주무관청인 관세청도 2016년 2월 18일 안종범에게 시내면세점을 추가하는 제도개선방안을 같은 해 3월에 확정·발표할 예정이고, 신속한 사업자 선정을 위해 특허심사 일정을 2개월에서 1개월로 단축하여 같은 해 9월 말까지 사업자선정을 완료하겠다는 내용을 담은 주요 현안보고까지 하였으며, SK그룹 측도 그 사실을 알고 있었다. 그러므로 대통령이 위와 같이 "면세점 제도개선 방안을 마련 중이다."라고 말한 것은 그러한 정부의 정책방향을 설명한 것일 뿐이다. 그런데 이를 대통령이 SK그룹으로부터 '워커힐 면세점 신규특허 발행절차를 신속히 진행해 달라'는 청탁을 받아 이를 승낙한 것으로 본 법원 판결은 납득할 수 없다.

그 후 관세청은 위 시내면세점 제도개선 방안의 연장선에서 2016년 4월 29일 서울에 4개의 시내면세점을 추가 설치한다는 계획을 발표하였고, 같은 해 6월 3일 그 신규특허신청 공고를 하였으며, 이에 SK그룹은 신규 면세점특허 신청을 하였지만 같은 해 12월 17일 심사발표 시 롯데그룹은 신규 면세점특허를 획득했으나 SK그룹은 탈락하였다.[195]

또한 대통령이 재계의 어려움을 듣고 정부 차원의 지원

방안을 검토하는 자리에서 최태원 회장으로부터 SK브로드밴드와 CJ헬로비전의 합병심사 문제를 듣고 "알겠다."고만 답변한 것은 단순히 '검토해 보겠다'는 의미로 봄이 상식에 맞다. 이를 CJ헬로비전과의 기업결합 승인 신청에 대해 '신속히 결론을 내려 주겠다'고 승낙하는 뜻으로 해석하는 것은 논리칙·경험칙에 반하는 과도한 해석이다. 가사 그러한 의미로 해석하더라도 정당한 신청에 대해 행정청이 신속한 결론을 내려야 함은 당연한 일인데, 특별한 사정이 없이 이를 가이드러너 사업지원의 대가로 보아 부정청탁을 승낙한 것으로 볼 수는 없을 것이다.

그 후 안종범은 2016년 3월경 경제수석실 행정관을 통하여 공정거래위원회의 기업결합과장에게 위 기업결합 승인 신청 건에 대한 보고를 지시하였을 뿐이고, 이에 공정거래위원회는 2016년 3월 18일 청와대에 '조건부 승인' 의견의 보고서를 보낸 점에 비추어 보더라도 법원의 위와 같은 사실인정은 부당하다. 안종범은 같은 해 6월 중순경 CJ헬로비전과의 기업결합 승인 여부에 관한 대통령의 부정적 의견을 위 행정관에게 전달했고, 공정거래위원회는 같은 해 7월 4일 그 기업결합 승인을 전면 불허하는 것으로 심사의견을 정하였다.[196)]

그리고 SK그룹 회장이 수형(受刑) 중인 '동생이 아직 못 나와서 제가 조카들 볼 면목이 없다'고 한 말에 대해, 대통령이 아무런 답변을 하지 않음으로써 가볍게 무시한 것을 '동생이 형기만료 전에 조기석방 될 수 있도록 배려해 달라'는 명시적인 청탁을 받고 이를 승낙한 것으로 본 법원의 판단도 논리칙·경험칙에 반하는 무리한 해석이다. 그 후 최태원 회장의 동생은 2016년 3·1절 650여 명의 가석방에서는 제외되었고, 형기 만기 3개월 가량 남긴 같은 해 7월 29일 형집행률 92%를 넘어선 데다 모범적 수형생활을 해 온 점이 감안되어 가석방된 점도 위와 같은 법원 해석이 합리적 근거가 없음을 나타내는 정황이다.[197)]

따라서 이 사건의 경우 대통령이 SK그룹 최태원 회장으로부터 명시적 또는 묵시적 청탁을 받고 이를 승낙했다거나, SK그룹의 가이드러너 양성사업 지원과 SK그룹 현안 관련 대통령 직무집행이 대가관계에 있다고 볼 수도 없으므로 대통령이 부정한 청탁을 받았다고 할 수가 없다. 그럼에도 불구하고 대통령이 SK그룹의 현안에 관한 명시적 청탁을 받고 그 대가로 가이드러너 양성사업의 지원을 요구함으로써 부정한 청탁을 '받은' 것이라고 본 법원 판결은 제3자뇌물수수죄의 '부정한 청탁을 받고'의 인정요건에 관한 법리를 오인하였거나 논리칙·경험칙에 반하는 증거가치의 판단을 한 것이다.

186) 대통령 피고사건의 1심 판결(2017고합364-1), 370면.

187) 대통령 피고사건의 1심 판결(2017고합364-1), 370면.

188) 대통령 피고사건의 1심 판결(2017고합364-1), 371면.

189) 대통령 피고사건의 항소심 판결(2018노1087), 28면.

190) 대통령 피고사건의 항소심 판결(2018노1087), 28면.

191) 대통령 피고사건의 파기환송심(2019노1962), 35면.

192) 대통령 피고사건의 항소심 판결(2018노1087), 29면.

193) 최정학, 앞의 논문, 131면.

194) SK그룹 회장 최태원은 형 집행 중 2015. 8. 14. 특별사면(형집행면제) 및 특별복권 되었다[대통령 피고사건의 1심 판결(2017고합364-1), 373면].

195) "롯데면세점 월드타워점 '부활'…한숨 돌린 신동빈", 한국경제(2016.12.17.), 뉴스면, https://www.hankyung.com/news/article/201612162589g(20 21.2.10. 확인).

196) 대통령 피고사건의 1심 판결(서울중앙지법 2017고합364-1).

197) "3·1절 650여 명 가석방…구본상.최재원 제외, 특사도 없어", BBS NEWS(2016.2.28.), 사회면, http://news.bbsi.co.kr/news/articleView.html?idxno=730004(2021.2.11.확인); "수형자 574명 29일 가석방…최재원 SK 수석부회장 포함",세계일보(2016.7.28.),사회면,http://www.segye.com/newsView/20160728004236?OutUrl=naver(2021.2.11.확인).

4. CJ그룹에 대한 강요미수 사건

대통령은 이 사건 2013년 7월 4일 당시 경제수석비서관 조원동에게 '이재현이 구속되어[198] 이미경이 CJ그룹을 잘 이끌 수 있을지 걱정'이라고 말했을 뿐 이미경의 경영일선 퇴진을 지시한 적은 없다고 주장하고 있다.

이에 대하여 조원동은 당시 대통령으로부터 '이미경 부회장이 CJ그룹의 경영에서 물러났으면 좋겠다'는 취지로 말하는 것을 듣고 CJ그룹 회장이자 대한상공회의소 회장인 손경식에게 대통령의 지시사항을 전달한 것이라고 진술하였다. 법원은 이 진술을 근거로 대통령이 조원동에게 이미경의 경영일선 퇴진을 지시한 것으로 보았다.

조원동은 대통령의 위 지시에 따라 2013년 7월 초순경 손경식을 직접 만나 이미경이 경영 일선에서 물러날 것을 요구한 것에 그치지 않고, 같은 달 하순경 손경식에게 전화통화를 하면서 '(이미경이 사퇴하지 않으면) 더 큰 일이 벌어집니다',

'수사까지 안 갔으면 좋겠다'고 말하는 등 만약 불응하면 수사 등 더 큰 일이 벌어질 것처럼 말하였다. 그런데 법원은 조원동의 이러한 협박행위는 대통령의 지시사항을 이행하는 과정에서 충분히 발생할 수 있다고 예상되는 범위 안에 있음을 이유로 대통령도 그러한 협박으로 인한 강요행위까지 공모한 것으로 보았다.[199]

가사 대통령이 이 사건 당시 조원동에게 한 말의 의미를 이미경의 경영일선 퇴진을 지시한 것으로 보더라도, 대통령이 조원동의 위와 같은 협박에 의한 강요행위까지 공모한 것으로 보는 것은 부당하다. 경제수석비서관이 대통령의 이러한 지시 내용을 관철하는 길이 강요행위만 있는 것은 아니므로, 대통령이 조원동의 강요행위를 예상할 수 있었다고 단정하여 강요행위에 대한 대통령의 공동가공 의사까지 인정한 법원 판결은 논리칙·경험칙에 반하여 납득하기 어렵다.

조원동은 이 사건 당시인 2013년 7월 하순경 손경식과 통화하면서 이미경에 관한 요구가 대통령의 뜻인지를 확인하는 손경식의 질문에 대통령의 뜻이라는 취지로 답변하였고, 그 대화내용이 녹음된 사실이 알려져 민정수석실에서 조사를 받게 되었다.[200] 2013년 8~9월경 홍경식 청와대 민정수석비서관은 위 사건에 관해 조원동을 조사하면서 '대통령의 뜻을 판 사실이 있느냐'고 물었고, 그로부터 1~2주 후 대통령도 조원동에게 전화로 'CJ 일은 왜 그렇게 처리하였느냐'고 질책한 적이 있었다.[201] 이러한 정황의 의미를 법원도 일을 처리한 방식의 잘못을 지적한 것으로 보았는데, [202] 당시 홍경식 민정수석비서관은 조원동이 대통령의 뜻을 곡해하여 CJ그룹에 이미경의 경영퇴진을 협박까지 하며 강요한 행위를 질책하였던 것으로 보아야 할 것이다. 당시 조원동은 그러한 질책을 받고 위 홍경식에게 '실수를 했으니 책임지고 사퇴하겠다'는 의사까지 표시하였던 사실[203]도 이에 부합하는 사실이다.

따라서 대통령이 조원동의 이 사건 강요행위에 공모가담하였다고 인정한 법원 판결은 논리칙·경험칙에 반하는 부당한 사실인정이다.

5. 하나은행 본부장 임명 관련 강요 사건

가. 사실관계

법원이 인정한 사실관계에 따르면, 대통령은 최서원의 부탁에 따라 경제수석비서관 안종범에게 지시하고, 안종범은 금융위원회 부위원장 정찬우에게 지시하여 정찬우가 2015년 11월 말경 하나금융그룹 김정태 회장에게 하나은행 독일 프랑크푸르트 지점장 이상화의 본부장 승진을 요구하였으나, 2016년 1월 7일자 하나은행 정기인사에서 이상화는 삼성타운 지점장으로 발령받았다.

대통령의 안종범에 대한 지시내용에 관하여, 대통령은 최서원으로부터 '하나은행 지점장인 이상화는 외환 쪽 능력이 뛰어나고 은행업무에 창의적인 생각을 많이 갖고 있는 사람'이란 말을 듣고 경제수석비서관 안종범에게 '이상화가 독일 하나은행에 근무하고 있는데, 외환 쪽으로 매우 능력이 뛰어

나고 유럽에서의 은행 운영 관련 여러 아이디어가 있다고 하니 연락하여 한번 들어보라'고만 말했을 뿐이라고 주장하고 있다. 그러나 법원은 안종범의 "2015년 11월 하순경 대통령으로부터 이상화를 하나은행 본부장급으로 승진발령 나도록 하라는 지시를 받았다."는 진술과 정찬우의 "안종범이 '대통령의 뜻'이라고 하면서 이상화의 하나은행 유럽 총괄법인장 임명과 본부장급 승진발령을 지시했다."는 진술에 근거하여 위와 같이 사실인정을 하였다.[204]

그 후 김정태 회장은 정찬우의 요구에 따라 안종범에게 전화하여 '이상화가 승진은 안 되었지만, 다음에 임원으로 승진할 수 있는 자리로 발령 낸 것이다, 이상화의 희망대로 된 것이다'라고 해명하자, 안종범은 '내가 이상화를 바로 본부장으로 승진시키랬지, 언제 센터장을 했다가 나중에 본부장 승진을 시키라고 했습니까? 지금 당장 승진시키세요. 무조건 빨리 하세요. 지금 이거 내 이득을 위해서 합니까? 그렇게 안 돌아갑니까?'라고 말하며 화를 내었다. 이에 김정태 회장은 하나은행 부행장에게 글로벌 영업본부의 조직개편을 지시하면서 '예전에 외환은행 출신들이 맡고 있던 글로벌 영업 그룹장을 하나은행 출신이 맡고 있고 부장도 하나은행 출신이니 (조직개편으로 신설되는 글로벌 영업본부) 1, 2본부장은 외환은행 출신을 기용하라'고 지시했다. 그 지시에 따라 하나은행 부행장은 글로벌 영업 2본부장으로 이상화를 추천했고 이를 하나금융지주회사 관계사경영관리위원회에서 추인함으로써 2016년 2월 1일자로 이상화가 글로벌 영업 2본부장으로 임명되었다.

이에 대해 법원은 대통령, 최서원, 안종범, 정찬우가 순차 공모하여 은행의 활동 전반에 대해 직·간접적 영향력을 행사할 수 있는 대통령, 경제수석비서관 및 금융위원회 부위원장의 지위를 이용하여 김정태 회장에게 이상화의 본부장 임명을 요구하고, 이에 두려움을 느낀 김정태 회장으로 하여금 이상화를 하나은행 글로벌 영업 2본부장으로 임명하게 함으로써 의무 없는 일을 하게 한 것으로 보았다.[205)]

그러나 김 회장에 대한 협박행위가 있었다고 볼 것인지, 아니면 그 행위가 단순한 인사청탁이거나 지위와 권세에 의한 압박에 불과한 것인지는 김 회장의 주관적 진술에만 의존할 것이 아니라 여러 정황도 종합하여 객관적으로 판단할 필요가 있다.

나. 강요죄의 '협박' 개념

강요죄의 보호법익은 '사람의 의사결정의 자유나 의사실행의 자유'이므로[206)] 그 범죄구성요건인 '협박'도 일반적으로 보아 사람의 의사결정의 자유나 의사실행의 자유를 방해할 정도로 겁을 먹게 할 만한 해악의 고지에 해당해야 한다.[207] 이러한 협박에 해당하려면 발생 가능한 것으로 생각할 수 있는 정도의 **구체적인 해악의 고지**가 있어야 한다(판례).[208] 이러한 해악의 고지는 명시적인 방법이 아니더라도 말이나 행동을 통해서 상대방에게 어떠한 해악을 끼칠 것이라는 인식을 갖도록 하면 충분하고, 행위자가 그의 직업·지위 등에 기한 불법한 위세를 이용하여 그 요구에 불응하면 부당한 불이익을 당할 위험이 있다는 위구심을 일으키게 하는 경우에도 해악의 고지가 된다(판례).[209]

다만, 행위자가 직무상 또는 사실상 상대방에게 영향을 줄 수 있는 직업이나 지위에 있고 그 직업이나 지위에 기초하여 상대방에게 어떠한 요구를 하였더라도 곧바로 그 요구행위를 위와 같은 해악의 고지로 단정해서는 안 된다. 특히 공무원이 자신의 직무와 관련한 상대방에게 공무원 자신 또는 자신이 지정한 제3자를 위하여 재산적 이익 또는 일체의 유·무형 이익 등을 제공할 것을 요구하고, 상대방은 공무원의 지위에 따른 직무에 관하여 어떠한 이익을 기대하며 그에 대한 대가로서 요구에 응하였다면, 다른 사정이 없는 한 공무원의 위 요구행위를 객관적으로 사람의 의사결정의 자유를 제한하거나 의사실행의 자유를 방해할 정도로 겁을 먹게 할 만한 해

악의 고지라고 단정하기는 어렵다(판례).[210]

행위자가 직업이나 지위에 기초하여 상대방에게 어떠한 이익 등의 제공을 요구하였을 때 그 요구행위가 강요죄의 수단으로서 해악의 고지에 해당하는지 여부는 행위자의 지위뿐만 아니라 그 언동의 내용과 경위, 요구 당시의 상황, 행위자와 상대방의 성행·경력·상호관계 등에 비추어 볼 때 상대방으로 하여금 그 요구에 불응하면 어떠한 해악에 이를 것이라는 인식을 갖게 하였다고 볼 수 있는지, 행위자와 상대방이 행위자의 지위에서 상대방에게 줄 수 있는 해악을 인식하거나 합리적으로 예상할 수 있었는지 등을 종합하여 판단해야 한다(판례).[211]

다. 사안 검토

김정태 회장은 하나금융그룹의 회장으로서 안종범으로부터 직접 이 사건 이상화의 본부장 승진 요구를 받기 전에도 정찬우로부터 이상화를 위한 여러 가지 요구를 받았지만 이를 모두 거절한 바 있다. 즉, 안종범이 정찬우를 통하여 김정태 회장에게 2015년 9월 13일경에는 '룩셈부르크에 설치 예정인 하나은행 유럽 총괄법인 사무소를 룩셈부르크가 아닌 프랑크푸르트(이상화 근무지)에 설치하도록 하라'고 요구하고, 2015년 11월 6일경에는 '이상화를 프랑크푸르트에 설치될 하나은행 유럽 총괄법인의 총괄법인장에 임명하라'는 요구를 하였지만, 김 회장은 아직 유럽 총괄법인이 생기지 않았다는 이유로 그 요구를 모두 거절하였다.[212] 그로부터 얼마 후 안종범이 정찬우를 통해 김정태 회장에게 '이상화를 하나은행의 해외업무를 총괄하는 그룹장을 시켜달라'고 요구하였으나, 김정태 회장은 '이상화는 현재 부장급이고 그룹장은 부행장급이기 때문에 그룹장으로 가는 것은 불가능하다'고 하면서 이를 거절하였다.[213] 다시 2015년 11월 말경에는 안종범이 정찬우를 통해 '이상화를 본부장으로 승진발령 나도록 하라'고 요구하였지만, 김 회장은 '연말에 있을 정기인사 때 검토해 보겠다'고 답변하여 결정을 미룬 다음, 이상화의 의사를 타진해 보고 2016년 1월 7일자 정기인사에서 이상화를 본부장이 아닌 하나은행 삼성타운 지점장으로 발령 내도록 하였다.[214]

또한 안종범이나 정찬우는 김정태 회장에게 단순히 이상화의 본부장 임명을 요구하였을 뿐, 그 요구에 따르지 않으면 하나금융그룹에 속한 은행 등 금융기관에 대한 검사·감독 등 경제수석비서관이나 금융위원회의 권한을 행사하여 하나금융그룹에 어떠한 불이익을 주겠다고 하거나 이를 암시하는 언동은 없었다.

안종범이 위 요구를 하면서 '내가 이상화를 바로 본부장으로 승진시키랬지, 언제 센터장을 했다가 나중에 본부장 승진을 시키라고 했습니까? 지금 당장 승진시키세요. 무조건 빨리 하세요. 지금 이거 내 이득을 위해서 합니까? 그렇게 안 돌아갑니까?'라고 말하며 화를 냈다는 것도 그 지위를 이용한 압박으로는 볼 수 있겠지만, 발생 가능한 것으로 생각할 수 있는 정도의 구체적인 해악의 고지행위로 볼 수는 없을 것이다. 게다가 김정태 회장의 진술에 의하면, 하나은행 측도 위 요구에 무작정 따른 것이 아니라 전부터 검토하던 글로벌 영업본부 조직개편을 앞당겨 실시한 다음, 신설된 글로벌 영업 1, 2본부장 두 자리 중 한 자리인 2본부장에 이상화를 승진발령하였던 것이고, 그러한 조직개편의 경우 외환은행 출신의 이상화가 적임자였기 때문에 정당한 내부절차를 거쳐 발령하게 되었다고 한다.[215] 또한 김정태 회장은 "경제수석비서관이 금융정책의 방향이나 정책을 수립하는 등 큰일을 하기 때문에, 그때 당장 나온 일(즉, 하나금융그룹의 현안)은 없지만 구조조정이나 다른 일을 할 때 영향이 있지 않을까라고 생각했다."고 진술하고 있다.[216]

위와 같은 전후 경위, 김정태 회장의 진술, 안종범 등의 요구내용, 김정태 회장의 지위나 그 동안의 처신 등을 종합해 보면, 안종범이나 정찬우가 김정태 회장에게 '인사 청탁'을 하고, 안종범의 다소간 압박으로 보이는 언사도 있었지만, 그 청탁에 불응하면 부당한 불이익을 당할 위험이 있다는 위구심을 일으키게 할 정도의 발생 가능한 구체적인 해악의 고지에 해당하는 언동이나 상황이 있었던 것으로 보기는 어렵다.

법원도 이 사건의 직권남용죄 부분을 무죄로 선고하면서 "경제수석비서관이나 금융위원회 부위원장은 하나금융그룹 회장에게 단순히 이상화의 본부장 임명을 요구했을 뿐, 그 요구에 따르지 않으면 하나금융그룹에 속한 은행이나 금융기관 등에 대한 검사·감독 등 권한을 행사하여 하나금융그룹에 어떠한 불이익을 주겠다고 하거나 이를 암시하는 언동을 하였음을 인정할 증거가 없다."고 판시한 바 있다.[217)]

따라서 강요죄의 협박 행위가 있었다고 할 수 없음에도 강요죄를 유죄로 인정한 것은 강요죄의 협박 개념에 관한 법리를 오인하였거나 논리칙·경험칙에 반하는 증거가치 판단을 한 것이다.

6. 문화체육관광부 공무원 사직 요구 사건

가. 사실관계

이 사건은 2016년 4월경 대통령의 지시에 따라 김종덕 문체부장관이 문체부 공무원인 노태강 국립중앙박물관 교육문화교류단장으로 하여금 사직서를 제출하게 한 행위를 직권남용죄로 의율한 사안이다. 법원은 대통령이 2013년 7월경 당시 문체부 국장 노태강이 제출한 승마협회 감사보고에 불만을 품고, 신분이 보장된 행정공무원인 노태강에게 사직서를 제출하게 함으로써 의무 없는 일을 하게 한 것으로 보고 직권남용죄로 판시하였다. 그러므로 대통령 및 문체부장관의 위 행위가 직권을 남용하여 의무 없는 일을 하게 한 행위에 해당하는지가 문제된다.

대통령과 김상률 교육문화수석비서관의 진술에 따르면 대통령은 '프랑스장식미술전' 개최 무산에 대한 책임을 물어 노태강을 '적절한 시점에 문체부 산하기관 임직원으로 보임하라'고 지시했다는 것이다. 당시 '프랑스장식미술전'은 한·불 수교 130주년 기념사업의 하나로 추진했던 것인데, 청와대 김상률 교문수석이 문체부 제1차관에게 '대통령의 관심사항이니 프랑스 측이 원하는 대로 전시회를 개최하라'고 지시하여, 그 추진을 담당한 국립중앙박물관 교육문화교류단장 노태강에게도 지시가 전달되었으나, 2016년 2월 17일경 그 기념사업의 개최가 무산되었던 것이다. 김상률로부터 대통령의 노태강에 대한 문책지시를 전달받은 문체부장관 김종덕은 문체부 운영지원과장 강태서를 통해 노태강에게 '장관 윗선의 지시'라고 하면서 사직을 요구하였고, 그 사직 시 처음에는 문체부 산하 단체인 국민체육진흥공단 사무총장으로 보임하려 하였으나 대통령의 뜻에 따라 그보다 못한 스포츠안전재단(문체부 산하 단체) 사무총장으로 보임하게 되었다.

나. 직권남용 및 의무 없는 일을 하게 한 것인지 여부

앞 1의 나.(1)항(p.83~89) 기재와 같이 직권남용이란 공무원이 일반적 직무권한에 속하는 사항에 관하여 그 직권을 행사하는 모습으로 실질적·구체적으로 위법·부당하게 권한을 행사하는 것을 말한다. 구체적인 공무원의 직무행위가 '남용' 행위에 해당하려면 본래 법령에서 그 직권을 부여한 목적에 반하는 행위로서, 직무행위가 행해진 상황에서 볼 때 필요성·상당성이 있다거나 직권행사가 허용되는 법령상 요건을 충족한 경우로 볼 수도 없는 행위를 말한다.

또한 상대방이 공무원이거나 법령에 따라 일정한 공적 임무를 부여받고 있는 공공기관 등의 임직원인 경우에는 법령에 따라 임무를 수행하는 지위에 있으므로 그가 직권에 대응하여 어떠한 일을 한 것이 '의무 없는 일'인지 여부는 관계 법령 등의 내용에 따라 개별적으로 판단해야 하는데, 그가 한 일이 형식과 내용 등에 있어 직무범위 내에 속하는 사항으로서 법령 그 밖의 관련 규정에 따라 직무수행 과정에서 준수하여야 할 원칙이나 기준·절차 등을 위반하지 않는다면 특별한 사정이 없는 한 법령상 '의무 없는 일'을 하게 한 때에 해당한다고 보기 어렵다(판례).[218]

법원은 문체부장관이 문체부 공무원 노태강에 대한 사직요구를 하여 사직서를 받고 면직한 행위는 공무원의 신분보장에 관한 국가공무원법 제68조 본문("공무원은 형의 선고, 징계처분 또는 이 법에서 정하는 사유에 따르지 아니하고는 본인의 의사에 반하여 휴직·강임 또는 면직을 당하지 아니한다."라고 규정) 및 헌법이 보장한 직업공무원제도를 본질적으로 침해하는 위법·

부당한 직무수행에 해당한다고 판단하였다.

그러나 사직 요구란 본인의 동의를 전제로 하는 것이므로 문체부장관의 문체부 공무원에 대한 사직 요구행위 자체가 법령상 금지되는 것은 아니다. 다만, 폭행이나 협박에 의해 사직을 강요하거나 사익추구 목적을 가진 사직 요구와 같이 문체부장관에게 인사권을 부여한 목적에 반하는 사직 요구라면 위법하거나 부당한 직권남용행위가 될 수 있다.

원래 검사는 이 사건 사직 요구가 강요행위에 해당한다고 주장하며 강요죄도 포함하여 공소제기 하였으나, 법원은 강요죄의 협박에 해당하는 행위가 없었음을 이유로 강요죄는 무죄로 선고하였다.[219]

또한 법원은 대통령이 노태강의 사직을 요구한 동기에 관하여, 대통령은 최서원의 불만에서 비롯된 2013년 7월경 승마협회에 대한 문체부 감사 당시 노태강의 감사보고에 불만을 갖고 문체부에 노태강에 대한 인사조치를 지시했는데, 2016년 4월경에도 노태강이 계속 국립중앙박물관에 재직 중인 사실을 알고 이 사건 사직 요구를 한 것으로 보았으나, 이는 근거 없는 법원의 추론에 불과할 뿐이다.

위 2013년 7월경 대통령의 인사조치 지시는 그 당시 시행되어 노태강이 국립중앙미술관 교육문화교류단장으로 좌천되었고 그 후 2년 8개월이나 경과하였다. 그러므로 대통령이 그 동안 자신의 지시에 따른 인사조치가 된 사실을 모르고 있다가 뒤늦게 알고 2년 8개월 전의 일로 이 사건 사직요구를 하였다는 것은 상식에 맞지 않는 해석이다. 대통령은 노태강에 대한 이 사건 인사조치 지시는, 반드시 개최하도록 특별지시까지 하였던 프랑스장식미술전의 개최 무산에 대한 책임을 물었던 것으로 진술하고 있고, 문체부 운영지원과장 강태서도 노태강에게 문체부장관의 사직 요구를 전달하면서 그 이유를 '프랑스장식미술전 (개최 무산) 때문이 아닌가 생각한다' 고 말한 적이 있다. 그러므로 노태강에 대한 이 사건 사직 요구는 당시 국립중앙미술관 교육문화교류단장으로서 담당한 프랑스장식미술전 개최를 무산케 한 직무수행 부실에 대한 책임을 물은 것으로 보아야 할 것이다.

그렇다면 이 사건 사직 요구는 강요행위도 없었고 직권부여의 목적에 반하는 행위도 아니므로 직권남용 행위에 해당하는 것으로 볼 수 없을 것이다.

게다가 문체부장관은 노태강에게 단순히 사직만 요구한 것이 아니라 사직하는 대신 문체부 산하 단체인 스포츠안전재단 사무총장으로 보임한 것이고, 노태강은 이를 받아들여 사직 후 스포츠안전재단의 사무총장으로 계속 근무하였다.[220] 그러므로 노태강의 사직과 전직(轉職)은 그 형식과 내용 등에 있어 직무범위 내에 속하는 사항으로서 법령 그 밖의 관련 규정에 따라 직무수행 과정에서 준수하여야 할 원칙이나 기준·절차 등을 위반하지 않은 것이므로, 노태강으로 하여금 '의무 없는 일'을 하게 하였다고 할 수도 없을 것이다.

따라서 법원이 직권남용죄를 인정한 것은 직권남용죄의 구성요건에 관한 법리를 오인하였거나 논리칙·경험칙에 반하는 증거가치 판단을 한 것이다.

198) CJ그룹 이재현 회장은 2013. 7. 1. 거액 탈세·배임·횡령 등 혐의로 구속되었다 ["CJ그룹 이재현 회장 서울구치소 수감", 매일경제(2013. 7. 1.), 사회면, https://www.mk.co.kr/news/society/view/2013/07/526444/(2021.2. 11.확인).

199) 대통령 피고사건의 1심 판결(서울중앙지법 2017고합364-1), 294면.

200) 위의 판결, 291면.

201) 위의 판결, 291면.

202) 위의 판결, 291면.

203) 위의 판결, 291면.

204) 위의 판결, 489면.

205) 대통령 피고사건의 1심 판결(서울중앙지법 2017고합364-1), 86~87면

206) 정성근·박광민, 앞의 책, 142면.

207) 대법원 1991. 5. 10. 선고 90도2102; 오영근, 앞의 책, 128면.

208) 대법원 2011. 5. 26. 선고 2011도2412.

209) 대법원 2013. 4. 11. 선고 2010도13774.

210) 최서원 피고사건의 상고심 판결(2018도13792); 대통령 피고사건의 파기환송심 판결(2019노1962), 64면.

211) 최서원 피고사건의 상고심 판결(2018도13792); 대통령 피고사건의 파기환송심 판결(2019노1962), 65면.

212) 대통령 피고사건의 1심 판결(서울중앙지법 2017고합364-1), 482면.

213) 위의 판결, 482면.

214) 위의 판결, 483면.

215) 위의 판결, 486면.

216) 위의 판결, 485면.

217) 대통령 피고사건의 1심 판결(2017고합364-1), 564면.

218) 대법원 2020. 1. 30. 선고 2018도2236 전원합의체.

219) 대통령에 대한 파기환송심(2019노1962).

220) 노태강은 사직 후 스포츠안전재단 사무총장으로 근무하다가 2017년 6월경부터는 문체부 제2차관으로 근무하였다("NAVER 인물검색", NAVER, https://people.search.naver.com/search.naver?where=nexearch&query=%EB%85%B8%ED%83%9C%EA%B0%95&sm=tab_etc&ie=utf8&key=PeopleService&os=553062(2021.2.12.확인).

5장 맺음말

맺음말

박근혜 대통령에 대한 파면 탄핵결정은 대부분 범죄가 되는 사실을 전제로 탄핵사유를 열거하고 있다. 그러나 그 후 법원의 재판결과 그 전제사실은 강요죄가 모두 무죄로 선고된 것을 비롯하여 상당 부분이 무죄로 선고되었고, 유죄선고를 받은 공무상비밀누설죄, 직권남용죄 및 롯데그룹 관련 제3자 뇌물수수죄도 다음과 같은 이유로 유죄로 볼 수 없는 사안이었다.

공무상비밀누설죄로 의율된 문건들은 모두 비밀로 분류된 문건이 아니고, 그 내용이 미리 공개되는 경우 국가기능을 위협하는 결과를 초래하게 되어 실질적으로 비밀로 보호할 가치가 있다고 볼 수도 없는 문건들도 포함되어 있으므로, 이 문건들은 '법령에 의한 직무상 비밀' 문건으로 볼 수가 없다. 가사 이를 비밀 문건으로 보더라도, 대통령이 자신의 국정수행에 조언을 구하기 위해 신뢰할 수 있다고 여기는 조력자에게 그 문건을 보낸 것이므로, 이는 대통령의 국정수행이라는 국가기능에 지장을 줄 위험 있는 비밀의 '누설' 행위에 해당하지 않거나 비밀누설의 고의를 인정할 수 없다.

직권남용죄 사안은 문화융성, 스포츠 발전 또는 중소기업 지원을 위한 대통령의 공적 활동을 직권남용으로 의율한 것이므로, 당시 대통령이 최서원의 사익추구를 알면서 그 지원행위를 한 것으로 볼 수 있는 경우에만 공무원에게 직권을 부여한 목적에 반하는 직권남용 행위로 볼 수 있다. 그러나 대통령이 최서원의 사익추구를 알면서 그러한 활동을 하였음을 인정할 증거가 없었다.

롯데그룹 관련 제3자뇌물수수죄는 대통령이 롯데그룹에 공익재단 케이스포츠의 사업지원을 요청한 사안이고 롯데그룹의 명시적 청탁은 없었으므로, 그 사업지원이 대통령 직무와 대가관계에 있음이 증명되지 않으면 묵시적 부정청탁도 인정되지 않아 범죄가 성립하지 않는다. 그런데 롯데그룹 회장이 대통령과 이 사건 단독면담을 할 당시에는 이미 정부방침이 정해져 있어 롯데그룹이 면세점 신규특허 취득에 관한 청탁을 할 필요가 없었다. 그러므로 그러한 필요가 있었음을 전제로 그에 관한 대통령 직무와 위 사업지원의 대가관계를 인정하고 묵시적 부정청탁이 있었다고 본 것은 잘못이다.

대통령에 대한 탄핵사유는 대통령이 그 지위를 이용한

'구속력 있는 행위'로, 공익재단 설립 등 공익 명목 아래 기업에 대해 거액의 출연이나 계약체결 또는 최서원이 추천하는 사람의 채용을 요구하여 최서원의 사익추구를 도왔다는 사실을 전제하고 있다. 그러한 사실을 전제로 이는 기업의 **재산권**과 **경영의 자유**를 침해하고 대통령의 **공익실현의무**를 중대하게 위배했다는 것이 탄핵결정의 주된 이유이다.

그러나 위와 같이 강요죄는 무죄선고 되고 대통령은 최서원의 사익추구를 알지 못했던 점 등 그 전제사실 자체가 인정되지 않기 때문에 탄핵사유는 이를 인정할 근거가 없다. 대통령의 기업에 대한 '구속력 있는 행위'란 것은 강요죄로 기소되었지만, 법원의 재판결과 기업에 대한 협박 사실이 인정되지 않아 모두 무죄로 선고되었다. 대통령의 기업에 대한 공익활동 요청이 강요행위가 아니라면 기업에 대한 권고나 협조요청에 불과하여 이를 불법행위로 볼 수도 없을 것이다. 또한 대통령이 이 사건 당시 최서원의 사익추구를 알고 있었는지는 대통령에 대한 탄핵사건뿐만 아니라 그 후의 형사재판에서도 가장 핵심적인 문제임에도 그 후 오랜 형사재판을 통해서도 증명할 수 없었다. 대통령이 이 사건으로 어떠한 사익도 취한 적이 없음에 비추어 보면, 대통령은 최서원의 사익추구를 알지 못했고 최서원이 자신의 사익추구를 위해 오랜 친분이 있는 대통령을 이용한 사건으로 봄이 합리적이다. 따라서 위와 같은 탄핵사유를 인정하여 대통령의 중대한 헌법·법률 위반이 있었다고 판단한 헌법재판소의 탄핵결정은 잘못된 사실인정을 전제로 한 오판으로 보인다.

이처럼 이 사건 탄핵사유는 사실관계와 그 범법 여부를 가릴 필요가 있는 사안이므로 형사재판에 준하는 사실인정 절차에 따라 충실하게 사실조사를 할 필요가 있었다. 그럼에도 불구하고 국회가 문화체육관광부 등의 기관보고 1회, 청문회 2회만 가졌을 뿐, 검찰수사나 국정조사가 아직 종료되지 않았고 특검수사는 시작되기도 전에 국회 본회의의 토론절차도 없이 성급하게 탄핵소추를 의결하여 대통령의 직무를 정지시킨 것은 부당하고 무책임한 처사였다. 또한 헌법재판소는 동일 사유에 관해 1심 형사재판이 진행 중이고 사실관계가 명확하게 파악된 것이 아님에도 불구하고, 탄핵심판절차를 정지하여 그 형사재판 결과를 기다리거나 직접 충분한 사실심리를 함이 없이 불과 3개월 만에 성급하게 대통령을 파면하는 탄핵결정을 함으로써 국민 대부분을 설득하는 데 실패하고, 이는 그 후 깊은 국론분열의 계기가 되었다.

탄핵결정 후에 대통령에 대한 특검수사를 통해 추가된 다음 범죄사실에 관한 유죄 선고도 납득할 수 없음은 마찬가지이다.

삼성전자의 영재센터 지원 사건은 대통령이 2018년 평창

동계올림픽의 후원사인 삼성전자로 하여금 동계올림픽에 대비하여 공익법인인 영재센터에 후원금을 지원하게 한 사안을 제3자뇌물죄 및 직권남용죄로 의율한 것이다. 법원이 제3자뇌물죄의 요건인 '부정한 청탁'의 대상을 포괄적 현안으로서의 삼성그룹 승계작업으로 본 것은 그 동안 뇌물수수죄에만 적용하던 '포괄적 뇌물죄' 개념을 부당하게 제3자뇌물죄에도 확대 적용한 것이다. 그밖에 법원이 부정한 청탁의 대상으로 제시한 삼성그룹의 개별적 현안들도 이를 대통령에 대한 청탁의 대상으로 인정할 근거가 없었다. 또한 당시 대통령이 최서원의 사익추구를 알고 있었다는 증거가 없으므로 위 공익목적의 후원금을 대통령 직무수행의 대가로 볼 근거가 없음에도 '묵시적인 부정한 청탁'이 있었다고 본 점도 부당하다.

그리고 대통령의 삼성그룹에 대한 영재센터 후원금 지원 요청 자체가 위법·부당한 일은 아니므로, 대통령이 그 지원과 관련된 최서원의 사익추구를 알지 못하였다면 그 후원금 지원 요청을 직권부여 목적에 반하는 직권남용 행위로 볼 수도 없게 된다. 그럼에도 불구하고 법원이 대통령의 직권남용 행위를 인정한 것은 직권남용죄의 직권남용 개념에 관한 법리를 오인하였거나 증거판단을 잘못한 것이다.

삼성전자의 승마 지원 사건은 대통령이 2018년 아시안게임 및 2020년 동경올림픽에 대비하여 대한승마협회의 회장

사인 삼성전자로 하여금 승마선수단을 지원하게 한 사안이다. 법원은 대통령이 삼성전자로 하여금 비공무원 최서원에게 뇌물을 제공하게 한 사안으로 보았는데, 그렇다면 최서원이 대통령의 사자(使者)나 대리인으로 뇌물을 제공받은 것이 아닌 한 대통령은 제3자뇌물수수죄, 이재용 등 삼성그룹 측 임원들은 제3자뇌물교부죄로 의율함이 타당하다. 그렇게 의율한다면 위와 같이 삼성그룹의 승계작업의 존재나 부정한 청탁을 인정할 수 없게 되므로 제3자뇌물죄의 구성요건이 충족되지 않아 무죄로 봄이 타당하다. 그런데 법원은 종전 판례의 입장과는 달리 이를 단순 뇌물수수죄의 공동정범으로 의율하여 부정한 청탁 유무와 관계없이 유죄로 본 것은 뇌물수수죄의 공동정범 인정범위나 제3자뇌물죄에 관한 법리를 오인한 것이다.

그리고 법원 판결에 따르면 승마선수단에 속하는 승마 국가대표선수 J의 모친 최서원은 그 승마 지원이 자신의 부탁에 따라 이루어진 것임을 기화로, 그 지원과정에서 자신의 딸이 승마지원을 독점하거나 우선하여 지원받을 수 있도록 변질시킴으로써 이를 사익추구에 이용한 것으로 보인다. 최서원 측 코어스포츠와 직접 이 사건 용역계약을 체결하여 용역대금을 송금하고 말 3필과 선수단을 위한 차량 4대를 구입하여 선수단에 지원한 삼성그룹 측은 용역계약 체결 당시는 물론 그 후 용역대금의 송금이나 마필 제공을 시작할 당시에도 그러한 최서원의 사익추구 사실을 알지 못하였다. 하물며 대통령은 이재용과 단독면담을 2회 가진 것 외에 달리 이 사건에 관여한 증거가 없으므로, 최서원이 위와 같이 사익추구로 전용(轉用)한 사실까지 대통령이 알고 있었다고 보기는 어렵다. 그러므로 대통령은 이 사건 승마지원을 올림픽 출전 승마선수들을 지원하는 것으로 알고 있었을 뿐, 그 승마지원이 삼성그룹 관련 대통령 직무수행의 대가라는 인식을 하였다고 볼 수는 없다.

따라서 대통령을 뇌물수수죄의 공동정범으로 의율하든 제3자뇌물수수죄로 의율하든, 대통령이 삼성전자의 승마지원을 대통령 직무수행의 대가인 뇌물로 인식한 것으로 볼 수는 없을 것이다.

또한 법원은 대통령과 최서원이 공모하여 삼성전자로 하여금 위 영재센터 후원금 지원과 승마지원을 하게 한 것으로 판시하고 있으나, 그 인정근거로 단지 대통령이 최서원과 오랜 친분관계가 있었다는 등의 평소관계 외에는 구체적 범죄사실에 관한 대통령의 공동가공 의사가 있었음은 증명하지 못했다. 따라서 대통령의 뇌물죄 공모를 인정한 점도 부당하다.

SK그룹의 가이드러너 지원 사건은 대통령이 SK그룹 회장에게 공익사업인 가이드러너 양성사업의 지원을 요청한 사안이다. 당시 SK그룹 회장이 대통령에게 면세점 신규특허 취득 문제, SK브로드밴드 합병심사 문제, 그룹 부회장인 동생이 복역 중인 사실 등 애로사항을 말하고, 이에 대해 대통령은 "면세점 제도개선 방안을 마련 중이다.", (위 합병 심사에 대하여) "알겠다."고 답변하고, 회장 동생의 형기 복역에 대하여는 아무런 답변도 하지 않았다. 그런데 법원은 이를 대통령이 SK그룹으로부터 명시적 부정청탁을 받고 그 청탁에 관한 대통령 직무수행의 대가로 가이드러너 양성사업의 지원을 요청한 것으로 보고 제3자뇌물요구죄로 의율하였다.

그러나 SK그룹 회장이 대통령과 이 사건 단독면담을 할 당시에는 이미 면세점 문제에 관한 정부방침이 정해져 있었으므로 SK그룹이 그에 관한 청탁을 할 필요가 없었고 대통령은 그 정부방침을 설명한 것일 뿐이다. SK브로드밴드의 합병심사에 관해 '알겠다'고 답변한 것은 검토해 본다는 뜻일 뿐, 이를 합병승인 심사절차의 신속한 진행을 승낙한 것으로 보는 것은 무리이다. 위 3가지 문제의 그 후 진행상황이나, SK그룹 측이 가이드러너 사업내용을 검토하고 그 지원금액을 일방적으로 감액한 정황에 비추어 보더라도 대통령이 SK그룹 회장과의 단독면담 당시 위와 같은 청탁을 받아 이를 승낙한 것으로 볼 수는 없을 것이다. 대통령이 청탁을 받아 이를 승낙하지 않는 한 제3자뇌물죄의

'부정한 청탁을 받고'란 요건을 충족한 것으로 볼 수는 없다.

또한 대통령이 기업에 공익법인 케이스포츠의 가이드러너 양성사업 지원을 요청하는 것은 대통령으로서 마땅히 해야 할 일이지 위법·부당한 일이 아니다. 그러므로 대통령이 최서원의 사익추구 계획을 알면서 그 지원요청을 했다는 증거가 없는 이 사건에서는 그 지원요청을 대통령 직무수행의 대가로 볼 근거가 없으므로 부정한 청탁이 있었다고 볼 수도 없다.

CJ그룹 부회장의 경영일선 퇴진 강요미수 사건은 경제수석비서관이 대통령의 뜻을 곡해하여 CJ그룹 부회장의 경영일선 퇴진을 요구하면서 협박까지 하며 강요한 사안이다. 대통령은 CJ그룹 부회장의 경영일선 퇴진을 지시한 것이 아니라고 하지만, 가사 그러한 지시가 있었다고 하더라도 그 지시를 협박행위 방식으로 이행할 것까지 대통령이 예상할 수 있었다고 보는 것은 무리이다. 이 사건으로부터 1~2개월 후 청와대 민정수석비서관이 경제수석비서관의 이 사건 일처리를 조사하고, 대통령도 경제수석비서관의 잘못된 일처리를 질책하였던 점에 비추어 보더라도 대통령이 경제수석비서관의 이 사건 강요행위를 공모한 것으로 본 것은 논리칙·경험칙에 반한다.

하나은행 본부장 임명 강요 사건은 경제수석비서관이나

금융위원회 부위원장이 이 사건 당시 하나금융그룹 회장에게 하나은행 지점장을 본부장으로 승진시키도록 인사청탁을 하고, 그 과정에서 경제수석비서관이 하나금융그룹 회장에게 다소 압박으로 보이는 재촉을 했던 것으로 볼 수는 있다. 그러나 그 청탁에 불응하면 부당한 불이익을 당할 위험이 있다는 위구심을 일으키게 할 정도의 발생 가능한 구체적인 해악의 고지에 해당하는 언동이나 상황이 있었던 것으로 볼 수는 없다. 그럼에도 불구하고 법원이 강요죄를 인정한 것은 강요죄의 협박 개념에 관한 법리를 오인한 것이다.

문체부 공무원인 국립중앙미술관 교육문화교류단장에 대한 사직 요구 사건은 당시 그가 자신이 담당한 프랑스장식미술전의 개최를 무산시킨 직무수행 부실에 대한 책임을 물어 본인 동의 아래 사표를 받고, 그 대신 문체부 산하 단체인 스포츠안전재단 사무총장으로 보임(補任)케 했던 사안이다. 당시 교육문화교류단장도 강요받은 것이 아님에도 그 전직(轉職)을 받아들였던 것이다. 그러므로 이 사건 사직 요구에는 강요행위가 없었고 직권부여의 목적에 반하는 행위도 아니므로 직권남용죄의 직권남용이라거나 그로 인하여 '의무 없는 일을 하게 한' 경우로 보기 어렵다. 그럼에도 불구하고 법원이 직권남용죄를 인정한 것은 직권남용죄의 구성요건에 관한 법리를 오인한 것이다.

이상 살펴본 것처럼 최서원 게이트는 대통령을 탄핵하여 파면에 이르게 하였고, 그 탄핵사유와 그 후 추가된 범죄사실에 관하여 근 4년에 걸친 후속수사와 재판을 거치면서 사실인정 면에서는 물론, 법리해석 면에서도 제3자뇌물수수·요구죄의 '부정한 청탁', 뇌물수수·공여죄의 직무관련성 및 대가관계, 뇌물수수죄의 공동정범 인정범위, 직권남용죄의 직권남용 및 강요죄의 협박 개념 등을 둘러싸고 치열한 공방을 벌였던 사건이다. 이 사건은 대통령의 대표적 정책공약인 문화융성과 체육 10대 공약의 국정수행 과정에서 발생한 일이고 대통령이 직접 사익을 취한 적이 없었음에도, 법원은 대통령을 최서원의 사익추구 범행의 공모공동정범으로 의율하였다.

그런데 대통령의 공모 여부나 앞서 언급한 '부정한 청탁', 직무관련성, 대가관계 및 직권남용 해당 여부는 대통령이 이 사건 당시 최서원의 사익추구 사실을 알고 있었는지 여부에 좌우되는데, 정작 그러한 대통령의 인식을 증명할 만한 증거는 보이지 않는다. 특히 대통령과 같은 권력자 주변에는 대통령 몰래 대통령과의 친분을 이용하여 사익을 추구하는 무리가 있을 수 있음은 동서고금의 역사에서 얼마든지 알 수 있는 자명한 사실이다. 그러므로 이 사건의 경우 최서원의 사익추구를 대통령이 알고 있었음을 증명함에는 합리적 의심이 없는 정도의 증명이 필요하고, 증거가 불충분하면 피고인의 이익으로 무죄판결을 해야 한다. 그럼에도 불구하고 법원은 대통령이 이 사건 당시 최서원의 사익추구 사실을 알고 있었음을 인정할 만한 증거도 없이 만연히 대통령의 공모, '부정한 청탁', 직무관련성 및 대가관계, 직권남용을 인정하여 유죄선고를 하였는데, 이는 그 인정요건이나 개념에 대한 법리오인 또는 논리칙·경험칙에 반하는 사실오인에서 비롯된 것이다. 이처럼 법원이 무리하게 유죄판결을 한 것은 성급한 탄핵결정을 의식한 결과라는 의심도 든다.

최서원 게이트는 기업적 생활관계에서 발생한 비즈니스 범죄의 범주에 속하지만 매우 정치적인 사건이다. 그럼에도 불구하고 필자는 오로지 법적 관점에서 충실하게 정리하고 객관적으로 분석해 보려고 노력했지만 결과적으로 대법원 판결에 대한 전면적 반박내용이 되어 버린 것은 지극히 유감스럽다. 앞으로 이 글이 최서원 게이트에 대한 정확하고 올바른 법적 평가에 조그만 보탬이라도 되었으면 한다.

부록

참고문헌

김성돈, 「형법총론」(성균관대학교 출판부, 2020)

김성돈, 「형법각론」(성균관대학교 출판부, 2021)

김혜정·박미숙·안경옥·원혜욱·이인영, 「형법각론」(피앤씨미디어, 2019)

박상기, 「형법학」(집현재, 2016)

신동운, 「형법각론」(법문사, 2018)

오영근, 「형법각론」(박영사, 2019)

윤재식, 「주석 형법(Ⅲ)」(한국사법행정학회, 1997)

정성근·박광민, 「형법각론」(성균관대학교 출판부, 2019)

정웅석·최창호, 「형법각론」(대명출판사, 2018)

지원림, 「민법강의」(홍문사, 2016)

최준선, 「상법총칙·상행위법」(삼영사, 2021)

최준선, 「회사법」(삼영사, 2021)

한석훈, 「비즈니스범죄와 기업법」(성균관대학교 출판부, 2019)

강명원, "탄핵에 관한 한국과 프랑스 헌법 비교 및 고찰 -대통령 탄핵을 중심으로-", 외법논집 제42권 제1호(한국외국어대학교 법학연구소, 2018년 2.)

김교창, "삼성 이재용의 마필 제공이 뇌물공여죄에 해당되는지 여부", 판례연구 제33집 제2권(서울지방변호사회, 2020)

김선국, "제3자뇌물수수죄(형법 제130조)와 단순수뢰죄(형법 제129조 제1항) 구별기준에 관한 논의 -대법원 2016년 6. 23. 선고 2016도3540 판결을 중심으로-", 경희법학 제53권 제3호(경희법학연구소, 2018)

김성돈, "직권남용죄, 남용의 의미와 범위", 법조 제68권 제3호(법조협회, 2019년 6.)
김하영·박상록, "징계절차로서의 성격에 비추어 본 대통령 탄핵심판결정 -헌법재판소 2017년 3. 10. 선고 2016헌나1 전원재판부 결정-", 법학평론 제8권(서울대학교 법학평론 편집위원회, 2018년 4.)
박성태, "탄핵심판절차에 관한 연구 -대통령(박근혜) 탄핵사건 탄핵사유와 증거법을 중심으로", 헌법재판연구 제7권 제1호(헌법재판연구원, 2020)
설민수, "한국과 미국에서 공직자의 금품수수행위에 대한 형사제재의 비교 -뇌물죄의 구조적 한계와 부정청탁 및 금품 등 수수의 금지에 관한 법률의 역할을 중심으로-", 사법 제1권 제39호(사법발전재단, 2017)
손인혁, "국민통합의 관점에서 본 탄핵심판절차의 문제점 -대통령 탄핵을 중심으로-", 세계헌법연구 제26권 제3호(세계헌법학회 한국학회, 2020년 12.)
오병두, "직권남용죄의 성립요건에 관한 검토", 형사법연구 제32권 제2호(한국형사법학회, 2020년 여름)
이시윤, "탄핵심판의 절차법적 조명과 선고", 대한변협신문(2017년 3. 13.)
이진국, "독일 형법상 법왜곡죄의 구성요건과 적용", 비교형사법연구 제21권 제1호(한국비교형사법학회, 2019년 4.)
이태엽, "비밀의 보호와 헌법상 기본권 간의 조화", 인권과 정의 제491호(대한변호사협회, 2020년 8.)

이효원, "탄핵심판의 실체법적 쟁점 -뇌물수수 등 형사법 및 법률 위반 여부-", 「한국헌법학회 2017년 학술대회 발표집」(한국헌법학회, 2017년 1.)
임상규, " '삼성 이재용 재판'이 남긴 몇 가지 쟁점", 법학논고 제70집(경북대학교 법학연구원, 2020년 7.)
정승환, "2019년 형법 중요판례평석", 인권과 정의 제488호(대한변호사협회, 2020년 3.)
조기영, "직권남용과 블랙리스트", 비교형사법연구 제20권 제2호(한국비교형사법학회, 2018년 7.)
최병천, "직권남용권리행사방해죄 -공무원의 직권남용을 중심으로-", 경찰법연구 제17권 제2호(한국경찰법학회, 2019)
최인화, "대통령 탄핵심판제도의 문제점과 개선방안 -노무현·박근혜 대통령 탄핵심판사건을 중심으로-", 서강법률논총 제7권 제1호(서강대학교 법학연구소, 2018년 2.)
최정학, "뇌물죄와 제3자 뇌물제공죄에서 '대가관계'와 '청탁'의 요건", 형사법연구 제30권 제3호(한국형사법학회, 2018)
표명환, "현행법상의 탄핵관련 규정의 몇 가지 문제점과 개선 입법방향", 법제연구 제54호(한국법제연구원, 2018)
허황, "뇌물죄의 비교법적 고찰 -독일형법에 비추어 본 뇌물죄의 직무관련성과 대가관계-", 비교형사법연구 제20권 제1호(한국비교형사법학회, 2018)

한석훈, "연기금의 주주 의결권행사와 배임죄 -서울고등법원 2017년 11. 14. 선고 2017노1886 판결-", 법조 제68권 제2호(법조협회, 2019년 4. 28.)

한석훈, "공무상비밀누설, 직권남용 및 '부정한 청탁'의 개념 -대법원 2019. 8. 29. 선고 2018도13792 판결 등-", 법조 제70권 제3호(법조협회, 2021년 6. 28.)

團藤重光 編,「註釋刑法(4) 各則(2)」(有斐閣, 1965)

西田典之 외 2人 編,「注釋刑法 第2卷 各論(1)」(有斐閣, 2016)

Jared P. Cole & Todd Garvey, "Impeachment and Removal", CRS Report 7-5700 (October 29, 2015)

색인

박근혜대통령 탄핵과 재판 공정했는가

발행일 초판 1쇄 발행 2021년 10월 20일
발행일 초판 2쇄 인쇄 2021년 12월 20일

지은이 한석훈
펴낸이 안병훈
펴낸곳 도서출판 기파랑
등록 2004년 12월 27일 제300-2004-204호
주소 서울시 종로구 대학로8가길 56(동숭동 1-49) 동숭빌딩 301호
전화 02)763-8996 편집부 02)3288-0077 영업마케팅부
팩스 02)763-8936
이메일 info@guiparang.com
홈페이지 www.guiparang.com

ISBN 978-89-6523-577-4 03360